KB048150

어른의 습관

어른의 습관

아리카와 마유미 지음 · 한주희 옮김

삶의 뿌리가 되는 소소한 지혜

포레스트북스

차례

Chapter 3

커뮤니케이션으로 일이 술술 풀리는 습관

Chapter 4
능숙한 감정 컨트롤로 기분을 좋게 유지하는 습관

Chapter 5
목표를 정하고 계획을 세우는 현명한 사람의 습관

Chapter 6
시간 활용법을 바꿔서 행복한 시간을 만드는 습관

Chapter 1

일상을 특별하게 바꾸는
소소한 습관

비가 오는 날엔 미소를

맑게 갠 화창한 날에는 기분까지 상쾌합니다. 반대로, 아침에 눈을 떴을 때 비가 오면 그렇지 못한 경우가 많지요. "아, 회사 가기 싫다", "오늘은 옷이고 신발이고 다 젖겠네"라며 기분이 가라앉는 사람도 있을 테지요.

하지만 이런 울적한 날일수록 "그래도 다시 힘내야지!"라고 씩씩하게 말하며 미소를 지어보세요. 그리고 하루를 최대한 기분 좋게 보내려고 노력하는 거예요.

저는 이런 습관을 들인 뒤부터 비 오는 날이 좋아졌습니다. 똑똑 빗방울이 떨어지는 소리와 비 냄새, 형형색색의 우산, 빗방울을 머금은 꽃, 빗소리를 들으며 즐기는 독서나 드라이브처럼 제가 좋아하는 것들을 찾아 기분 좋게 보낼 수 있기 때문입니다.

　이렇게 기분 좋을 때만이 아니라 기분이 우울할 때도 미소와 함께 하루를 보내려고 노력해보세요. 불안하고 우울했던 마음이 한결 차분해질 거예요. 그리고 "뭐, 이런 날도 있는 거지" 하고 밝고 긍정적으로 칙칙한 기분을 털어버릴 수 있을 것입니다.

　미소는 나를 행복하게 만드는 가장 간단한 '기술'입니다. 미소는 우리에게 소소한 행복을 가져다주기도 합니다. 주변 사람들과의 관계가 마음처럼 되지 않을 때에도 그들을 미소로 대하면 어색했던 분위기가 금세 풀리거든요. 집이나 회사에서 늘 얼굴에 미소를 머금고 있는 사람과 함께하는 것만으로도 우리 마음은 평온해집니다.

　얼굴에 미소를 띠고 있는 사람은 비싼 옷을 두르거나 화려한 헤어스타일과 화장으로 치장한 사람보다 훨씬 더 매력적으로 보이는 법이죠. 밝고 상냥한 태도와 풍겨 나오는 여유에 그 사람과 함께하고 싶어집니다. 미소가 아름답다는 말을 듣는 멋진 어른이 되어보는 건 어떨까요?

　행복해서 미소 짓는 것이 아니라 미소를 지으면
　행복이 따라오는 것입니다.

눈을 맞추며 인사하기

이왕 나누는 인사라면 예의를 갖춰 마음을 전하는 것이 좋겠지요. 웃으며 밝게 인사를 건네는 것은 기본이고, 여기에 하나 더 '상대를 바라보고 눈을 맞추기'를 기억해 두세요.

의외로 상대를 바라보며 인사하는 사람은 많지 않습니다. 바쁘게 길을 걷고 있거나 사무실에서 업무를 보고 있을 때는, 누가 인사를 건네도 건성으로 힐끗 보거나 고개만 까딱하기도 하죠. 진심이 담기지 않은 이런 행동은 금방 눈에 띄기 마련입니다. 상대방은 "당신에게는 별로 관심이 없습니다"라는 무언의 메시지를 받은 느낌이겠죠.

상대를 바라보며 예의를 갖춰 인사하는 데 대단한 시

간과 노력이 드는 것은 아닙니다. 하지만 건성으로 대충 인사할 때와 상대가 받는 인상은 하늘과 땅 차이입니다.

인사는 단순히 예의가 아니라 "당신을 인정한다"라는 존경과 애정의 마음을 전하는 메시지입니다. 사람은 누구나 인정받고자 하는 '인정욕구'를 가지고 있습니다. 인정을 받으면 기분이 좋아져 상대에게 호의적으로 대하게 되죠. 인사만 제대로 해도 사람 참 괜찮다는 평가를 받거나 든든한 지원군이 생기는 경우를 참 많이 보았습니다.

먼저 말을 잘 걸지 못하거나 말주변이 없다 하더라도, '진심 어린 인사'라는 강력한 무기만 있으면 상대의 마음을 확실히 사로잡을 수 있습니다. 인사 후에 날씨 이야기 등으로 대화의 물꼬가 트이는 경우도 종종 있겠죠.

커뮤니케이션이 얼마나 중요한지 아는 사람은 인사 하나도 소홀히 하지 않는답니다.

진심이 담긴 인사는 커뮤니케이션의 첫걸음입니다.

가까운 사람일수록
하기 힘든 말

여러분은 고맙다는 말을 자주 하시나요?

손윗사람이나 특별한 사람에게는 수도 없이 감사의 말을 전하고 안부 메일을 보내면서, 정작 가장 가까운 사람에게는 고마움을 표현하는 데 인색하지는 않나요?

매일 반복하는 일에 무뎌지듯이, 항상 내 곁에 있는 사람에게는 익숙해지고 무뎌지기 마련입니다. 그러나 항상 곁에 있는 사람이야말로 우리를 지탱해주는 가장 고마운 존재입니다. "고맙습니다"라는 말은 무심히 그냥 지나치기 쉬운 일을 당연하게 받아들이지 않도록 하고, 상대방이 내 곁에 있다는 사실에 감사할 수 있는 소중한 기회를 가져다주지요.

고마운 마음을 잊는다면 우리 곁에 있는 소중한 사람을 무시하거나 그에 대한 불만만 늘어놓게 될 것입니다. 새삼스러워 멋쩍더라도 그의 사소한 배려에 감사의 인사를 전하는 습관을 들여보면 어떨까요?

"고맙습니다"라는 말은 상대에게 감사의 마음을 전하기 위한 표현이기도 하지만, 나 자신의 마음을 달래주는 '마법의 주문'이기도 합니다. 마음이 울적하거나 화가 날 때 감사한 일들을 되뇌어보면 신기하게 마음이 온화해지고 잊고 있던 기쁨과 고마움을 깨닫게 될 것입니다.

가족이 있다는 것, 해야 할 일이 있다는 것, 끼니를 거르지 않을 수 있다는 것, 이 세상에 태어났다는 것 그리고 내일이 있다는 것…… 무엇 하나 당연하지 않고 영원하게 지속되지도 않는 것들입니다. 이런 '기적'이 허락되었음에 감사한다면 우리는 언제든 행복해질 수 있을 것입니다.

'고맙습니다'는 지금 눈앞에 있는 행복을 부르는 주문입니다.

사소한 것을 궁금해하기

얼마 전 한 남학생과 식사를 했는데, 그가 메뉴를 보다가 묻더군요.

"그라파Grappa? 이건 무슨 술일까요?"

"글쎄, 나도 술에 대해서는 잘 몰라서……."

"아, 이탈리아의 증류수구나."

그 남학생은 스마트폰으로 검색을 해서 답을 찾고는 이내 만족스러운 표정을 지었습니다.

"궁금하면 당장 찾아보는구나. 항상 그렇게 바로 검색을 해보는 거야?"

"네, 궁금한 건 못 참아서요. 덕분에 쓸데없는 잡다한 지식만 쌓이긴 하지만요."

그는 멋쩍은 듯 웃었지만, 사소한 것에도 관심을 가지고 알려고 하는 습관은 참 높이 살 만하다고 생각했습니다.

사람들은 대부분 업무나 시험공부, 외국어 습득과 같은 어떠한 목적이 있을 때는 관련 지식을 쌓으려고 하지만, 우연히 모르는 사실을 만났을 때는 종종 모르는 채로 방치하곤 합니다. 하지만 몰랐던 사실을 알게 되는 쾌감은 인간이 느낄 수 있는 순수한 기쁨 중 하나입니다. 하나하나 알게 될수록 "아, 이런 뜻이구나", "오, 재미있네"라며 희열을 느끼게 되지요.

아이들이 시시때때로 "이건 뭐야?"라며 호기심에 가득 차서 물어보듯이, 어른도 길을 걸을 때나 TV를 볼 때 또는 다른 사람과 이야기를 나눌 때 어떤 의문을 가질 수 있는 법입니다.

이럴 때는 인터넷을 검색해볼 수도 있고, 스스로 생각해보거나 아는 사람에게 물어서 답을 찾을 수 있을 것입니다. 물론 때론 끝내 답을 찾지 못할 수도 있겠지요. 중요한 건 끊임없이 의문을 품는 자세, 즉 모르는 것을 알려고 하는 자세입니다. 바로 찾아보는 습관은 우리의 일상을 그리고 인생을 더욱더 풍요롭게 해줄 것입니다.

몰랐던 지식을 알게 되는 것만큼 기분 좋은 일은 없습니다.

쓰지 않는 물건은
3초 이내에 버리자

물건을 잘 버리지 못하는 사람은 무언가를 버려야 할 때 '사용할 수 있을지 없을지'로 판단합니다. 하지만 물건을 잘 버리는 사람은 '자신이 사용할지 안 할지'로 판단하지요. 둘의 차이는 물건을 중심으로 생각하는가, 나를 중심으로 생각하는가입니다.

물건이란 버리지 않는 한 점점 쌓여가기 마련입니다. 그러면 쌓인 물건에 생활이 잠식당하게 되지요. 예를 들어, 옷이 많아지면 여분의 옷장을 둘 공간을 마련해야 합니다. 또 옷의 관리와 선택에도 시간과 노력이 더 들게 되지요.

물건을 잘 버리는 사람은 자신이 어떤 상태에서 가장 쾌적함을 느끼는지 항상 생각합니다. 물건이 줄어들면 시야가 넓어지면서 일단 기분이 상쾌해집니다. 또한 주변에 좋아하는 물건, 필요한 물건만 있으면 마음이 편안해지지요. 물건을 찾거나 고르기도 편해서, 척 하면 착 하고 손에 잡히는 쾌감도 느낄 수 있습니다. 물건을 무조건 줄이라는 것이 아니라 사람마다 '적량'이 있다는 이야기입니다.

제가 쾌적함을 느끼기 위해 세운 원칙은 '사용하지 않을 물건은 3초 안에 버리자'입니다. 우편함에 꽂힌 전단, 서랍 속에 굴러다니는 펜, 유통기한이 지난 냉장고 안 음식 등 모든 쓸모없는 물건은 발견하면 즉시 그 자리에서 버리는 것입니다. 이 원칙이 습관이 되자 제게 필요한 것과 제가 좋아하는 것이 무엇인지 알게 되었고, 쇼핑 횟수 자체가 줄어들었습니다.

물건을 버릴 때 아깝다며 죄책감을 느낄 필요가 없습니다. 사용하지 않고 방치해두는 것이야말로 물건에 대한 예의가 아닙니다. 무시하는 것이나 다름없기 때문이죠. 나를 위해 제 역할을 다한 물건에 "고마워"라고 감사의 인사를 전한 뒤 하나씩 놓아주는 연습을 해보면 어떨까요?

필요한 물건을 엄선하는 습관을 들이면 비로소 '내'가 보입니다.

하루 한 번 체중계에 올라가기

벌써 20년도 더 된 습관인데, 살을 빼야겠다고 굳게 결심한 이후 제가 거의 빼먹지 않고 지키는 규칙이 있습니다. 겨우 이런 행동을 했다고 체중이 줄었다는 것이 신기할 정도로 사소한 규칙이지요.

그것은 바로 매일 몸무게를 재는 일입니다. 매일같이 체중계 위에 올라가다 보면, 항상 몸무게가 일정하지 않고 시간에 따라 조금씩 편차가 있다는 사실을 알 수 있습니다.

이렇게 하면 '그새 500그램이 늘었잖아? 고기랑 밥을 과식해서 그런가?'와 같은 생각을 수시로 하게 되지요. 즉 내가 어떤 음식을 먹고 살이 쪘는지 또는 빠졌는지 알 수 있는 것입니다. 그러면 '오늘은 아침하고 저녁은 가볍게 먹고 최대한 많이 걷자'와 같은 생각이 저절로 따라와 스스로 식사량을 조절할 수 있게 됩니다.

참고로, 이 방법은 다이어트 책을 수십 권이나 작업한 편집자가 시도한 뒤에 유일하게 효과를 본 것이라며 입이 닳도록 칭찬한 방법이었습니다. 가장 중요한 것은 중간에 포기하지 않고 꾸준히 지속하는 힘입니다.

이제 저는 다이어트가 아니라 건강 유지를 위해 매일 체중계에 올라가는데, 이 습관의 또 다른 장점은 아래와 같이 다음에 해야 할 일을 생각할 수 있게 해준다는 것입니다.

- 현실을 직시한다 → 사소한 목표를 세운다 → 반드시 결과로 보상받는다

다이어트를 힘들어하는 사람 중에는 무서워서 몇 년 동안이나 체중계에 올라가지 않았다는 이도 있습니다. 현실을 외면하고 싶은 마음은 백번 이해하지만, 지금 자신의 현실을 깨닫고 이상과 현실의 갭을 솔직히 인정하기만 해도 벌써 달라질 것입니다. 자연스럽게 이 갭을 메우려고 행동하게 되기 때문입니다. 그래서 목표를 세우게 되고, 추후 결과가 눈에 보이면 자신감이 생기지요. 그리고 거기서 또 나아가 용기가 샘솟는 선순환이 완성됩니다.

이렇게 얻은 자신감은 일상생활에서 다양한 용기를 북돋 아줍니다. 반대로, 게으름을 부리면 이 또한 결과로 보상 받게 됩니다. 이 습관은 모든 것에는 원인이 있고 결과가 있다는 사실을 몸소 배우게 해준다고 할 수 있겠죠.

중요한 것은 현실과 제대로 마주하는 용기입니다.

오늘은 평소와 다르게

늘 행복하고 가슴 뛰는 하루하루를 보내기 위해 우리가 할 수 있는 가장 간단한 일 중 하나는 바로 '평소와 다르게 살아보는 것'입니다. 평소와 다른 길로 멀리 돌아간다면, 그전에는 몰랐던 가게를 발견하거나 그곳에서 멋진 만남을 하게 될지도 모르죠. 평소와 다른 동료와 함께 점심을 먹어보면 흥미로운 정보를 얻을 수도 있을 것입니다. 또 평소와 다른 방식으로 업무를 처리해보고 더 효율적인 방법을 발견할 수도 있겠죠.

이 밖에도 평소와 다른 음식 먹어보기, 평소 듣던 음악과 다른 음악 들어보기, 평소에 쓰던 샴푸와 다른 샴푸 써보기, 평소와 다르게 휴일을 보내보기 등 무엇이든 좋습니다.

저는 매년 다른 모양의 다이어리를 사용합니다. 물론 실용성과 디자인은 포기하지 않죠. 산책할 때, 밖에서 밥을 먹을 때, 여행할 때, 정말 좋아하는 곳은 몇 번이고 다시 가지만 그런 곳이 아니라면 모험 삼아 새로운 곳에 가보곤 합니다. 이렇게 하는 것만으로도 금방 마음이 설레며 기분 전환이 되곤 하지요.

평소와 다르게 해보는 사소한 습관은 우리 마음에 기분 좋은 자극이 되어, 더 많은 기회를 가져다주고 더 많은 발견을 하게 해줍니다. 사람은 익숙한 행동을 할 때 안정감을 느끼지만, 변화 없는 일상은 같은 정보를 같은 감각으로 받아들이게 할 뿐입니다. 그러면 감각은 둔해지고 타성에 빠지게 되지요.

'평소와 다르게 행동하기'가 가진 또 하나의 장점은 지금 내가 있는 곳의 가치를 깨닫게 해준다는 것입니다. 여행을 다녀온 후에 평소에 늘 하던 일이 새롭게 느껴지기도 하고, 당연하다고 여겼던 일에서 감사함을 발견하지요. 이처럼 우리는 평소와 다른 경험을 통해 무의식중에 자신의 세계를 확인하게 됩니다. 이렇게 약간만 행동에 변화를 주는 것만으로도 내가 보는 풍경을 바꿀 수 있습니다.

'평소와 다르게 행동하기'는 나의 세계를 확장하는 일입니다.

속이 편한 식사법

제가 아는 한 작가 선생님은 80대 후반의 연세에도 정말 열정적으로 집필 활동을 하고 계시는데, 그분이 가르쳐주신 건강의 비결은 바로 '소식'입니다. 선생님은 항상 담소를 나누며 천천히 식사하시다가 어느 정도 배가 차면 "나는 그만 먹으려네"라며 수저를 내려놓으십니다.

'소식은 건강의 지름길'이라는 말이 있듯이, 소식하면 병에 잘 걸리지 않고 노화 방지와 미용에도 효과가 있다고 합니다. 장수하는 사람들의 공통적인 습관도 소식이라고 하지요.

제가 소식을 실천하길 잘했다고 생각한 건 무엇보다 몸과 마음이 편해졌기 때문입니다. '양을 줄여야 한다'는 생각에 스트레스를 받았는데, '최대한 속이 편한 식사를 한다'고 생각하자 꾸준히 지속할 수 있게 되었습니다.

과식하면 속이 편하지 않습니다. 배가 가득 찰 때까지 먹어서 위가 무겁고 몸이 나른하고 머리가 멍해지는 느낌을 받은 경험을 누구나 해본 적 있을 것입니다. 과식하면 위장에 부담이 가는데, 이로 인해 위와 장에 혈액과 에너지가 집중됩니다. 거기에 또 과식했다는 죄책감까지 따라오는 경우가 흔하죠.

소식은 이런 괴로움과 죄책감에서 해방되는 식사입니다. 포만감은 없어도 속이 편하게 잘 먹었다는 느낌이 들 때 식사를 멈추면 몸도 머리도 활발하게 움직입니다.

소식을 실천하기 위해서 꼭꼭 씹으며 맛을 천천히 음미하기, 한 입 먹고 수저를 내려놓기 등의 방법을 쓸 수 있지요. 제가 추천하는 방법은 식사를 할 때 먹을 양을 미리 정해두는 것입니다. 집에서는 먹을 만큼만 밥을 담으면 되겠죠. 외식할 때는 밥의 양이 너무 많으면 '80퍼센트만 먹자' 등으로 먹기 전에 적당한 양을 정해두면 됩니다. 이렇게 한다면 점점 식사의 양보다는 질에 집중하게 되면서 전보다 식생활이 풍요로워질 것입니다.

소식은 괴로움과 죄책감에서 해방되는 속이 편한 식사입니다.

가끔 하늘을 올려다보자

여러분은 하루에 몇 번이나 하늘을 올려다보시나요? "생각해본 적 없다", "하늘을 본 게 언제인지 기억도 안 난다"라는 사람도 있을 겁니다. 저도 여유 없이 바쁘게 하루하루를 보낼 때는 그랬습니다. 하지만 어느 날, 그럴 때일수록 하늘을 올려다보자는 생각이 들었습니다.

아침에 눈을 떴을 때, 빨래를 말릴 때, 밖에 잠시 외출할 때, 일하다 잠깐 휴식을 취할 때, 노을이 질 때, 별과 달이 뜰 때……. 언제나 하늘은 색다른 얼굴을 보여주었고, 계절의 변화를 알려주었으며, 잔잔한 감동을 전해주었습니다.

하늘을 보는 일이 대단한 감상을 불러일으키는 일은 아닐 것입니다. 그저 '하늘이 맑네' 또는 '벌써 장마가 오려

나' 하는 생각이 들 때도 있겠지요. 하지만 불투명한 구름이 낀 흐린 하늘도, 금방이라도 빗물을 떨어뜨릴 것같이 찌푸린 하늘도 저마다 운치가 있습니다. 아름답게 석양이 지고 있거나 예쁜 무지개가 뜬 하늘을 발견할 때면 어쩐지 좋은 일이 생길 것 같은 기분이 들기도 하지요. 이런 잔잔한 감동이 쌓여서 우리의 마음은 풍요로워집니다.

또 고민스러운 일이 있을 때 골똘히 생각할 것이 아니라 하늘을 바라보며 힘을 탁 빼면 '뭐, 별일 아니야' 하고 털어버릴 수 있습니다. 여유가 없을 때나 불안하고 초조할 때 우리는 대부분 땅바닥을 바라보게 되는데, 그러면 마음의 시야도 좁아지기 마련입니다. 주변에 소중한 것과 소중한 사람도 눈에 들어오지 않게 되지요. 하지만 물리적인 시야가 넓어지면 마음의 시야도 넓어집니다.

우리가 자연을 접할 기회는 그리 많지 않지만, 고개를 들기만 하면 저 위엔 넓은 하늘이 펼쳐져 있습니다. 하늘은 세계의 끝까지 이어져 있고, 아주 오래전부터 변함없이 모든 이에게 공평하게 항상 저곳에 있었습니다. 이런 위대한 존재를 올려다보는 것만으로도 마치 대자연의 주파수에 마음을 맞춘 듯이 편안함을 느낄 수 있답니다.

'하늘을 올려다보는 습관'은 괴로웠던 일도 잊게 합니다.

감동 자판기

사소한 일에도 금방 감동하고 마음껏 표현하는 사람과 함께 있으면 즐거워집니다.

깜짝 놀랐을 때 개그맨처럼 재미있는 반응을 보이는 사람과 함께 있으면 기분이 좋아지고 이야기꽃이 핍니다. 밥을 먹을 때 맛집 리포터처럼 "우와, 이 맛은 정말 먹지 않고는 배길 수 없는 맛이네요!"라며 풍부한 표정으로 즐거워하는 사람과 함께 있으면 음식의 맛도 배가됩니다. 꽃이 피어 있는 것을 보고 "참 예쁘다"라고 감탄하고, 누가 한 이야기에 "진짜 재미있다"라고 반응하며, 일이 잘 해결되면 "정말 다행이야"라고 말하는 사람. 이렇게 감정을 바로 표현하는 '감동 자판기'와 같은 사람들이 있지요.

이들은 상대를 위해서라기보다 자신을 위해서 이렇게 하는 게 아닐까요? 소소한 감동을 포착하고 이를 바로 표현하면 기분이 좋아지기 때문입니다.

반대로, 무슨 말을 듣건 무엇을 먹건 어떤 것을 보건, 잘 감동하지 않거나 감동의 표현을 하지 않는 사람이 있습니다. 이런 사람들은 어딘가 다가가기 힘들어 보이지요. 게다가 이들은 매사에 단점을 말하는 경우가 많아 묘하게 분위기를 흐리는 경우도 종종 있습니다.

스스로 즐거움을 느끼고 사람들에게 환영받는 '감동 자판기'가 되려면 다음 세 가지를 기억해야 합니다.

첫째, 감동을 자꾸 말로 표현하기.

둘째, 재미있거나 놀랐을 때 풍부한 표정 짓기.

셋째, 제스처를 가미하기.

예를 들어, 기쁨을 표현할 때 "최고야!", "대박이네!", "오늘 완전 운 좋은 날이야" 등 생각나는 감탄사를 가미하고 유쾌하게 웃어보세요. 손뼉을 치거나, 손가락으로 브이를 만들어 보이거나, 만세를 하는 등 손의 움직임을 첨가하면 더 좋습니다. 이런 사소한 노력으로 나도 내 주위 사람들도 더없이 즐겁게 지낼 수 있을 것입니다.

감동을 말로 표현하면 나와 내 주변 모두 행복해집니다.

천천히 느긋이 움직이기

인생을 가만히 음미해보고 싶다면 '천천히 느긋이 움직이기'를 기억하세요.

천천히 느긋이 움직이다 보면 저절로 마음도 여유로워집니다. 한순간 한순간에 고스란히 의미가 생기기도 하지요. 예를 들어, 커피 한 잔을 내릴 때 "아 귀찮아"라며 대충 내리면 즐겁지도 않고 커피도 별로 맛있게 느껴지지 않을 것입니다. 하지만 '천천히 향을 음미하며 커피를 내려야지'라고 생각하면 마음이 차분해지고 커피를 내리는 것도 마시는 것도 찬찬히 즐길 수 있게 됩니다.

현대인들은 이런저런 일로 바쁜 일상에 쫓겨 무슨 일이든 척척 해치우려고 하는 경향이 있습니다. 하지만 그럴수록 실수가 늘어나게 되는데, 그 이유는 마음은 급한데 머리와 손이 따라가지 못하기 때문입니다.

'천천히 느긋이 움직이기'는 몸과 마음의 속도를 맞추는 일이기도 합니다. 급할 때일수록 하나하나 천천히 하다 보면 감각이 최고로 예민해지고, 몸과 마음도 지치지 않고 움직일 수 있습니다.

움직임이 번잡스러운 사람은 먼저 일주일 동안 이 원칙을 지키려고 노력해보세요. 많은 변화가 찾아온다는 사실을 직접 느낄 수 있을 것입니다. 흔히 경험하는 효과의 예를 들어보면 다음과 같습니다.

- 천천히 음미하며 식사를 하면 밥이 맛있어진다.
- 천천히 나직나직하게 말하면 상대와의 관계가 부드러워진다.
- 천천히 사뿐사뿐 걸으면 새로운 발견을 하고 좋은 아이디어가 떠오른다.
- 천천히 느긋하게 업무를 처리하면 실수가 줄어 효율적으로 일할 수 있게 된다.

천천히 느긋이 움직이면 몸과 마음이 모두 아름다워집니다.

깊고 느리게 심호흡하기

우리가 무의식적으로 매 순간 하는 것이 바로 호흡입니다. 그런데 자신이 어떻게 호흡을 하는지 잘 관찰해보면 의외로 얕은 호흡을 하는 경우가 많습니다.

하루에 몇 번씩 의식적으로 크게 심호흡만 해도 몸과 마음에 다양한 변화가 찾아옵니다. 명상, 마음 챙김, 요가, 기공, 좌선 등 스트레스 사회를 사는 현대인은 다양한 방법으로 마음의 평정을 유지하려고 노력합니다. 그런데 이런 것들의 공통점은 '자세와 호흡을 고르는 행위'라는 데 있습니다. 명상수행의 기본인 '조신調身', '조식調息', '조심調心'의 기본 원리는 흐트러진 자세와 호흡을 바로잡으면 흐트러진 마음도 저절로 바로 잡힌다는 것입니다. 초조하

033

거나 긴장될 때 침착해지기 위해 자기도 모르게 숨을 뱉은 적이 있을 것입니다. 이는 마음을 다잡으려고 하는 무의식적인 행동입니다. 굳이 시간을 들여가며 명상이나 좌선을 하지 않아도 심호흡을 하면 간편하게 비슷한 효과를 볼 수 있습니다.

이왕 심호흡을 하려면 더 효과적인 방법으로 해보는 것이 좋겠지요? 포인트는 다음과 같습니다.

- 등을 곧게 펴고 자세를 바르게 한 후 숨을 모두 비워 낸다.
- 코로 숨을 들이마시고 입으로 길게 내뱉는다.
- 숨을 뱉어낼 때는 복부를 꽉 조이고, 숨을 들이마실 때는 복부를 팽창시킨다(흔히 말하는 복식 호흡법과 같은 원리).
- 의식은 호흡하는 몸의 상태에 집중하고 잡생각은 잠시 내려놓는다.

이렇게 심호흡을 열 번만 반복해도 긴장이 완화되는 것을 바로 느낄 수 있을 것입니다. 익숙해지면 몸속의 혈액과 수분이 손끝과 발끝 그리고 머리까지 전달되면서 몸이 따뜻해집니다. 이를 실천하는 사람 중에는 매일 심호흡을 명상처럼 5분, 10분간 열심히 하니 웬만해선 긴장하

지 않게 되었다는 이도 있습니다. 또 피부가 좋아졌다거
나 수족냉증이 개선되었다는 이도 있지요.

나에게 어떤 변화가 생기는지, 변화가 생길 때의 느낌
은 어떤지 인지하고 즐기며 꾸준히 실천해봅시다.

자세를 바르게 하고 깊게 호흡하여 마음을 정갈
하게 해보세요.

아침에 일어나면
이불 정리부터

아침에 일어나자마자 바로 잠자리를 정리하면 기분 좋게 외출할 수 있고, 돌아와서도 좋은 기분을 유지할 수 있습니다. 시트는 주름을 깨끗하게 펴고, 이불은 가볍게 털어서 정리한 뒤, 밤새 눌려 납작해진 베개의 모양을 바로잡아서 정리해줍니다. 이렇게 하면 겨우 1~2분 투자로 상쾌한 기분을 맛볼 수 있지요.

깨끗하게 정리된 잠자리를 보면 아직 잠에서 덜 깬 뇌가 맑아지고 '자, 슬슬 활동해볼까' 하는 생각에 하루 리듬이 깨어납니다. 또 밤이 되면 깨끗하게 정리된 이불에 몸을 눕히는 순간 말로 표현할 수 없는 행복감을 만끽합니다. 잠자리가 지저분하다면 기분도 심란해질 것입니다.

아침에 잠자리를 정리하는 습관에는 좀 더 심오한 뜻이 있습니다. 비록 단순 작업일지라도 이를 매일 반복하면서 작은 성취감을 쌓아가는 것이죠. 은퇴한 미 해군 4성 제독 윌리엄 맥레이븐William McRaven은 모교인 텍사스 대학 졸업식 축사에서 "세상을 바꾸고 싶다면, 이불 정리부터 시작하라"라고 말했습니다. 이 연설을 담은 영상은 인터넷상에서 조회 수 1000만 회를 넘을 정도로 화제가 되었지요.

"매일 아침 잠자리 정리를 잘하면 그날의 첫 임무를 완료한 것이다. 여기서 작은 자긍심과 다음 임무에 임할 수 있는 용기를 얻게 된다."

아침의 '소소한 성취'는 자신감과 용기가 되고, 이를 바탕으로 하루 동안 많은 것을 성취할 수 있게 되며, 이것이 쌓여 어느새 대단한 업적이 된다는 의미일 것입니다.

잠자리 정리 하나만 잘해도 하루의 시작이 달라지고 삶의 질도 몰라보게 좋아집니다.

모든 대단한 업적은 작은 성취가 모여 이뤄진 것입니다.

양보할 수 있는 사람

엘리베이터나 지하철에서는 서로 빨리 가려고 밀치는 사람이 많습니다. 그런데 이런 인파 속에서 "먼저 가세요"라며 누군가 양보해주면 마음이 참 따뜻해지겠죠. 양보가 몸에 밴 사람은 다른 이를 기분 좋게 해주는 사람 같지만, 사실 양보하면 자신의 기분이 더 좋아진다는 사실을 알고 있는 사람입니다.

저도 물건을 사러 가서 계산대에서 순서를 기다릴 때 뒤에 휴지 하나만 들고 있는 여학생에게 먼저 계산하라고 양보를 해보았습니다. 여학생은 놀란 표정으로 "그래도 돼요? 정말 감사합니다"라며 몇 번이고 인사를 했습니다. '이런 사소한 일로 감사 인사를 받다니, 나야말로 고마워요'라고 생각하며 덩달아 제 기분이 좋아졌습니다. "먼저 하세요"라는 말은 상대방을 위한 것 같지만 실은 나를 위한 것입니다. 매사에 '내가 먼저 왔으니까'라며 자기만 생각하면 마음에 여유가 없는 채로 살아가게 될 테니까요.

회사에서 의견대립이 생기는 경우나 같은 날에 휴가를 내야 하는 경우, 가정에서 가족끼리 TV 채널권을 두고 말다툼이 일어나는 경우 등 누군가 양보를 해야 할 때가 있습니다. 아무도 나서지 않으면 어쩐지 분위기가 어색해질 이때, 먼저 양보를 하면 고맙다는 감사의 인사를 미소와 함께 받을 수 있습니다. 설령 감사 인사를 받지 못하더라도 내 마음속에 뿌듯함이 남을 것입니다.

뭐든지 양보하라는 말이 아니라 '양보할 수 있을 때는 양보한다'는 원칙을 세워보라는 말입니다. 이 원칙을 실천하다 보면 '내가 결코 양보할 수 없는 것'이 생기는 시점에 누군가 나에게 양보를 해줄 것입니다. 양보할 수 없는 것을 최대한 줄여가는 일은 나의 기분을 좋게 하는 데 도움이 됩니다. 모르는 사람에게, 친한 사람에게 모두 "먼저 하세요"라고 조금씩 양보해볼까요?

양보할 수 있는 사람은 멋있는 여유가 넘치는 사람입니다.

메뉴를 고를 땐 직감으로

뭔가를 감으로 고른다고 하면 어쩐지 대충 고르는 것
같지요. 하지만 사실 이것은 가장 확실한 판단을 내리는
방법입니다. 메뉴를 고를 때 '아! 이거 맛있겠는데?'라는
생각이 들면, 이는 분명 자신이 정말 먹고 싶은 음식일 것
입니다. '아니야. 그냥 추천 메뉴를 먹는 게 낫겠어'라며 고
민 끝에 음식을 고르면, 내가 무엇을 먹었을 때 만족할지
는 뒷전이 됩니다. 이때는 그 메뉴를 선택한 것이 손해인
지 이득인지, 다른 사람이 뭘 먹는지, 다른 사람이 어떻게
생각할지 등의 계산이 개입되기 때문입니다.

'마음(직감)'과 '사고'는 작동방식이 다르기 때문에 사람
은 때로 잘못된 판단을 내리곤 합니다. 직감을 믿지 않는

사람은 확실한 판단을 도와줄 요소를 찾습니다. 직감은 '촉'이라든지 '왠지 그런 느낌'이라 할 수 있지요. 이런 것들은 논리적으로는 설명할 수 없기에, 직감을 믿지 않는 사람은 그 밖에서 답을 찾게 됩니다.

그렇지만 나를 행복하게 하는 선택은 내 안에 있습니다. 내 몸에 새겨진 DNA, 태어나서부터 지금까지 쌓아온 경험, 행복을 느끼는 순간, 위험을 감지하는 감각 등 다양한 빅 데이터를 통해 '이거야!'라는 결과를 도출하는 것이죠. 우리가 느끼지 못하더라도 우리 안에는 방대한 데이터가 축적되어 있습니다.

"생각하지 말고 느껴라Don't think. Feel!" 영화배우 브루스 윌리스Bruce Willis의 유명한 말입니다. 진정으로 하고 싶은 것이 무엇인지는 생각하지 말고 느껴야 한다는 의미일 것입니다.

직업을 정할 때, 집이나 차를 살 때처럼 중요한 결정을 할 때일수록 사람들은 신중하게 오랫동안 고민하지만, 결국 '이게 좋겠어!'라는 생각이 제일 먼저 떠오르는 걸 골랐을 때 만족감이 가장 높다고 합니다.

단, 직감은 낮은 확률이긴 하지만 틀리는 경우도 있습니다. 가끔 애초에 정보가 잘못 들어오는 경우도 있기 때문이죠.

우선 일상생활에서 하는 작은 선택을 직감에 따라 결

정하는 즐거움을 마음껏 느껴보시길 바랍니다. 직감에 귀를 기울이는 것은 나의 가장 솔직한 마음에 귀를 기울이는 일입니다.

직감은 우리를 행복하게 하는 메시지입니다.

좋아하는 일은 일단 해보기

　제가 50개가 넘는 직업을 경험하면서 해외에서 지내기도 하다 보니, 참 용감하다는 말을 자주 듣습니다. 반대로, 당신이 하고 싶은 게 뭔지 도통 모르겠다는 말을 듣기도 합니다. 하지만 저는 특별히 용기가 있는 것도 아니고, 무언가 하나를 진득하게 하고 싶은 것도 아니었습니다. 그저 설레는 마음으로 일단 해보자, 즉 도전하자는 생각이 있었을 뿐입니다.

　'일단 행동으로 옮기기'에는 어떻게든 결과를 내거나 이게 마지막이라는 조급한 마음이 아니라 선택지는 얼마든지 있다는 편안한 마음이 내포되어 있습니다.

　작가라는 직업을 10년 넘게 이어온 것은 여러 가지 경험을 거쳐 드디어 제게 맞는 직업을 발견했다는 기쁨을 느꼈고, 언제까지 하는지 나 자신을 시험해보고 싶다는 마음이 들었기 때문입니다. 즉 모든 것은 '도전한다→결과를 확인한다'의 반복입니다.

하기 싫은 일을 할 필요는 없지만, 좋아하는 일은 망설이지 말고 일단 도전해보기를 추천합니다. 일, 취미, 공부, 운동, 여행, 연애, 결혼 등 무엇이든 좋습니다. 어쩌다 자신에게 잘 맞지 않는 일을 하게 되었을 때도, 일단 해보면 의외로 재미를 느끼거나 새로운 발견을 하게 될 수도 있습니다.

몸을 움직이면 새로운 사람과 만나게 되고 기회가 찾아옵니다. 설령 잘되지 않아도 이는 실패가 아니라 귀중한 경험이자 배움으로 남을 것입니다. 이러한 '경험의 데이터'가 쌓이면 어떤 일도 능숙하게 헤쳐나갈 수 있게 되지요. 내가 무엇을 좋아하고 무엇을 싫어하는 사람인지 알게 될 수도 있습니다.

아무리 인터넷을 뒤지고 누군가의 조언을 들어도, 직접 해보지 않은 일은 그게 무엇인지, 또 나에게 어떤 가치가 있는지 알 수 없습니다. 무엇보다 일단 해보는 편이 인생을 후회 없이 살 수 있는 길이 될 것입니다.

도전하고 확인하는 것은 '나'를 찾는 과정입니다.

뭐니 뭐니 해도 체력

　능력 있는 사람 중에는 체력 관리에 신경 쓰는 사람이 많습니다. 체력을 관리하는 이유는 매일 성취감을 느낄 수 있다, 자존감이 높아진다, 다이어트에 성공할 수 있다, 건강해진다, 집중력이 높아진다, 남녀노소 모두에게 인기가 많아진다 등으로 다양하지요. 그런데 제가 생각하는 이유는 다음과 같습니다. '신체의 건강이 곧 마음의 건강이기 때문이다.'

　몸과 마음이 하나라는 말에 동의하지 않는 사람은 별로 없을 것입니다. 체력이 없는 상태에서는 아무리 독하게 의지를 다지려고 해도 좀처럼 기력이 나지 않습니다. 사소한 일에도 금방 무너지고 버틸 힘도 없어지지요. 또

스트레스가 쌓이면 바로 몸에 이상 신호가 오거나, 심각한 경우 병에 걸리기도 합니다.

책상에 앉아 장시간 일을 하는 현대인들은 신체적으로 자유롭지 못한 환경에 놓여 있습니다. 그만큼 마음이 초조하고 몸이 지치는 일은 늘어났지요. 그런데 시골에 사는 70대, 80대 할아버지, 할머니는 다리나 허리 등 몸에 아픈 곳 하나 없이 놀랄 만큼 정정합니다. 제초기를 밀고 다니다 보면 성인병도 남 이야기라며 미소 짓는 어르신들의 정정한 모습을 보고, 몸을 움직이면 저절로 마음의 건강도 따라온다는 생각이 들었습니다.

꼭 헬스장에 가거나 밖에서 조깅을 하지 않아도 좋습니다. 그저 산책이나 가벼운 맨손체조, 스트레칭 등 내가 기분 좋은 일을 하면 됩니다. 일단 몸을 움직이는 것이 습관이 되면 스트레스를 해소하기도 쉽고 기분도 편안해집니다. 혈류의 흐름이 원활해져 깊은 잠을 잘 수도 있습니다. 건강한 체력 유지는 덤이겠죠.

어떤 일을 해도 결국 중요한 것은 기술도, 힘도 아닌 체력입니다.

무엇을 하든 가장 중요한 건 체력!

아무도 안 보는 곳에서
베푸는 선행

"아무도 보지 않아도 하늘이 다 보고 있다"라는 옛말이 있습니다. 또 "화장실에는 여신이 사는데, 매일 깨끗하게 닦으면 여신처럼 아름다워진다"는 말도 있지요.

대중의 사랑을 받는 연예인들이나 능력 있는 사람들 중에는 집에서뿐만 아니라 밖에서도, 다른 사람이 보지 않을 때에도 화장실을 깨끗이 청소하는 사람이 많습니다. "내가 성공한 것은 화장실 청소 덕분이다"라고 말하는 사람이 있을 정도입니다.

다른 사람이 보지 않는 곳에서 조용히 선행을 실천하는 습관에는 분명 '신적인 힘'이 작용합니다. 종교적인 관점에서 하는 얘기가 아니라, 이런 습관은 아무도 없을 때에도 자기 자신이 스스로를 지켜보기 때문에 실천하는 것이라는 의미입니다. 스스로를 지켜보는 자신의 눈은 언제 어디서나 자기 행동을 분석합니다. 그리고 "당신은 이런 사람입니다"라고 평가를 내린 뒤 자기 자신이 확실히 인식하게 만듭니다.

화장실 청소는 다들 꺼리는 일입니다. 이러한 일을 누군가 보고 있는 상황도 아닌데 자발적으로 한다는 것은 약간의 통쾌함과 작은 성취감 그리고 순수한 뿌듯함을 심어줍니다. 꾸준히 노력하는 겸손함도 잊지 않게 해줍니다. 이러한 선한 행동이 쌓여 저절로 자긍심을 고취하는 선택으로 이어지고, 무슨 일을 하건 잘 풀리는 것처럼 보이게 됩니다. 시간이 갈수록 자연히 주변에서 응원해주는 사람도 늘어나게 되지요.

아무도 보지 않아도 작은 선행을 베풀면 기분이 좋아집니다. 쓰레기를 줍고, 다른 사람의 신발을 정리해주고, 떨어진 물건을 주워주는 등 할 수 있는 일은 많습니다. 반대로, 아무도 보지 않는다고 길에 쓰레기를 버리고, 일을 게을리 하거나, 주운 돈을 주인에게 돌려주지 않는 등 양심에 어긋나는 행동을 하면, 죄책감이 따라와 어떤 결정을 내릴 때 자신감이 없어집니다.

인과응보의 법칙은 내 마음의 상태가 좋은 결과로도, 그렇지 않은 결과로도 이어지게 합니다. 그리고 장기적인

관점에서 인생을 봤을 때, 인과응보는 언젠가는 반드시
이루어지기 마련이랍니다.

다른 사람이 보지 않는 곳에서 하는 행동이 내
인생의 거울이 됩니다.

내가 나를 칭찬하지 않으면
누가 해줄까

어쩐지 우리는 자신에게 엄격하게 굴 때가 많은 것 같습니다. 하루에 몇 번이고 마음속으로 '이러면 안 돼', '왜 이것도 못 하는 거야?', '허구한 날 이 모양이라니까!'라며 다그치듯 단점만 지적합니다.

나를 칭찬해주기란 참 어려운 것 같습니다. 하지만 그렇다고 단점만 찾으면 매일 혼만 나는 아이처럼 주눅 들어버리겠죠. 자신에 대한 믿음을 갖기 위해서, 나아가 하루하루를 행복하게 보내기 위해서 단점보다는 장점을 더 열심히 찾아내 나를 칭찬해주어야 합니다.

다른 사람에게 칭찬하듯이 "잘했어! 훌륭해", "녀석, 정말 대단한데?" 하고 스스로에게 말해보세요. 이렇게 칭찬하면 신기하게도 불안하고 초조한 마음이 사라집니다. 또 다른 사람에게서 칭찬을 받지 않더라도 만족감을 느낄 수 있습니다. 넘어져도 금방 다시 일어서는 힘이 생기죠. 이런 효과를 보면 자연스럽게 나를 칭찬하는 버릇이 생기게 됩니다. 나를 칭찬하다 보면 다른 사람의 장점도 잘 발견하게 되지요. 이렇게 나를 칭찬하는 습관에는 생각보다 좋은 점이 참 많습니다.

칭찬이 어색한 사람은 하루를 마무리할 때 "오늘은 oo를 해냈네. 잘했어", "먼저 인사할 줄도 알고, 대단해" 등 사소한 행동을 언급하는 것부터 시작해볼까요? 사람들과 즐겁게 대화를 나눴던 일, 소소하게 성취감을 느꼈던 일, 시간을 잘 지킨 일, 열심히 노력한 일, 잘 참았던 일 등 칭찬할 만한 소재는 얼마든지 많습니다.

자신의 성격을 상냥하다, 솔직하다, 어른스럽다고 칭찬해보세요. 일이 잘 풀리지 않을 때도 "도전한 것만으로도 수고했어", "가능성은 있으니까 다음번에는 잘될 거야"라고 말할 수 있을 정도면 칭찬 달인의 자질이 충분합니다. 칭찬하는 습관이 몸에 배면 나를 격려하고 위로해주는 든든한 내 편을 얻은 것과 같습니다.

나를 칭찬하면 점점 내가 좋아집니다.

Chapter 2

막연한 불안감을 없애주는
돈이 따라오는 습관

정해진 수입 안에서 생활하기

여러분은 본인의 한 달 최저 생계비가 얼마인지 알고 있나요?

돈과 관련된 막연한 불안감을 해소하는 제일 처음 단계가 바로 이것을 파악하는 일입니다. 돈에 관한 고민 중 대부분은 돈이 부족한 데 기인합니다. 그리고 이런 고민들은 막연한 불안감을 불러일으키지요. 하지만 간단한 규칙만 기억하면 절대 돈으로 고생할 일이 없습니다.

그 규칙은 바로 '정해진 수입 안에서 생활하기'입니다. 여기에 '생활수준에 갑작스러운 변화를 주지 않기'를 더해주면 금상첨화가 되지요. 그렇게 하면 돈에 관한 막연한 불안감이 사라질 뿐 아니라, 진짜 필요할 때 자신에게 중요한 곳에 돈을 쓰는 기쁨을 마음껏 누릴 수 있습니다.

나의 최저 생계비를 파악해두라는 것이 꼭 최소한의 수준으로 생활하라는 의미는 아닙니다. 필요한 금액(러닝 코스트)을 파악해두면, 계획을 세울 수 있다는 얘기입니다. 갑자기 수입이 끊겨도 '6개월은 저축으로 버틸 수 있으니까, 그동안 일을 구해야지', '일 년 동안 저축하면 내년엔 해외여행을 갈 수 있겠어'와 같은 생각을 하며 현실적인 계획을 세울 수 있는 것입니다.

또 필요한 돈의 액수가 일단 머리에 입력되면 쓸데없는 소비를 줄이게 됩니다. 있으면 있는 대로 다 쓰거나, 대출을 쉽게 생각하거나, 사람들과 만나서 실속 없이 돈을 쓰고 다니는 사람은 돈으로 인한 불안에서 자유로워질 수 없습니다.

현명하고 품격 있는 부자들을 잘 살펴보면 의외로 소박한 생활을 하는 경우가 많습니다. 이들은 수입이 늘어도 생활수준을 갑자기 높이지 않습니다. 좋아하는 일을 하며 성공한 사람들도 수입이 많아졌다고 해서 비싼 명품을 사거나 필요 없는 곳에 돈을 쓰지 않죠.

지금부터 매달 내가 얼마나 지출하는지 알 수 있는 리스트를 작성해 나의 최저 생계비를 파악해보세요.

돈은 자신의 소중함을 아는 사람을 따라갑니다.

싸다고 무턱대고 사지 않기

생각보다 저렴한 물건, 원래 가격보다 싸게 나온 물건을 발견하면 '횡재했다'라는 생각에 일단 사고 봤던 경험, 누구나 한 번쯤 해본 적 있으시죠?

채소나 과일처럼 그때그때 사서 먹어야 하는 음식, 평소에 갖고 싶었던 물건, 매번 사야 하는 생필품이 저렴한 가격에 나와 있는 것을 발견했다면 사실 횡재가 맞습니다. 이런 것들은 쌓아둘 겨를이 없이 당장 쓸 수 있고, 또 어차피 사야 하기 때문이지요. 하지만 이외의 세일 또는 덤핑 상품은 대부분 '싼 게 비지떡'인 경우가 많습니다. 아무 생각 없이 사놓고 보니 쓸모없거나, 싸서 좋다고 샀더니 품질이 떨어지는 일이 비일비재합니다. 또 세일한다고

해서 산 옷은 막상 입으려면 마음에 안 들어 옷장에 처박
아두게 되지요.

횡재라고 생각하며 산 물건들이 결국 애물단지로 전락
하는 것입니다. 이러면 처음에 살 때 좋은 걸 샀어야 했다
며 후회하기도 하지요. '나는 돈이 없으니까', '긴축재정 중
이니까'라는 생각으로 평소 알뜰한 소비를 지향하는 사람
일수록 이런 함정에 잘 빠지곤 합니다. 물론 자신의 예산
을 고려해야 하지만, 적당히 저렴한 물건 세 개를 사기보
다 제대로 된 물건 하나를 사는 것이 구매 후에 후회할 확
률이 낮습니다.

그래서 물건의 '가격'에 좌지우지되지 않고 주체적인
'기준'에 의해 물건을 고르는 것이 중요합니다. 이를 위해
서는 평소에 자신만의 규칙을 정해두어야 합니다. 이를테
면 다음과 같은 사항을 염두에 둔다면 도움이 되겠지요.

- 내가 정말 좋아하는 것에 지출하기.
- 위시리스트를 만들어 필요한 곳에만 돈을 쓰기.
- 정말 가지고 싶은 물건은 타협하지 말고 저축해서 기
  다렸다 사기.
- 할인 상품은 정가를 주고라도 샀을지 생각해보고, 고
  민이 된다면 일단 보류하기.
- 방과 옷장에 사용하지 않는 물건 두지 않기.

특히 자신이 자주 사용하는 물건은 꼼꼼히 따져 고른다는 원칙을 고수하면, 싸다고 덥석 물건을 사는 버릇에서 해방될 수 있을 것입니다.

물건은 '가격'이 아니라 나의 '기준'을 이유로 구매하도록 합니다.

저축할 때 금액보다
목표가 중요한 이유

저축을 왜 하느냐는 질문에 대한 대답으로 가장 많이 나온 것이 "그냥"이었다고 합니다. 저축의 중요한 목적은 미래를 대비하기 위함이지요. 그런데 목표가 없으면 생각만큼 돈이 잘 모이지 않거나 아무리 돈을 모아도 불안하지 않을까요?

착실히 저축해서 계획적으로 잘 쓰는 사람은 저축의 '금액'보다 '목표'에 집중합니다. 노후 대비, 자녀 학비 등에 사용할 '안심 저축'과 별개로 생각만 해도 설레는 일에 사용할 '두근두근 저축'을 따로 하는 것입니다. 노후한 아파트를 매입해서 리모델링하기, 뉴질랜드로 여행 떠나기, 북카페 열기 등 자신의 가슴을 뛰게 만드는 미래를 그립니다.

그들은 돈이 인생을 즐겁게 만드는 수단이며, 모으는 목표가 분명할수록 가치가 있다는 사실을 알고 있습니다.

저축 금액보다 목표가 중요한 이유 중 하나는 저축을 하는 동안 항상 가슴 뛰는 시간을 보낼 수 있기 때문입니다. 인간은 자신이 원하는 것을 손에 넣었을 때보다 손에 넣을 수 있을 것 같을 때 더 큰 기쁨을 느낍니다. 그때 뇌에서 쾌감을 느끼게 하는 호르몬이 다량으로 분비된다고 하지요.

또 목표를 단순하게 정해 항상 머릿속에 그리다 보면 달성을 위한 방법을 좀 더 빨리 찾을 수 있습니다. 예를 들어, '1000만 원을 모아서 단기유학을 떠나자'보다는 '단기유학을 위한 자금을 모으자'라는 목표를 세우는 것이 더 효율적입니다. 저렴하게 유학을 할 수 있는 방법, 유학하면서 돈을 벌 수 있는 방법 등의 정보를 더 많이 수집하게 되기 때문입니다. 그러면 국제선 비행기에 몸을 싣고 해외로 떠날 날이 생각보다 빨리 찾아오겠죠.

진심으로 이루고 싶은 목표가 있으면 이리저리 방법을 궁리하게 되는 법입니다. 돈을 많이 모으지 못해서 불가능하다며 포기하면 목표는 영영 이룰 수 없습니다.

목표가 분명한 저축은 인생을 풍요롭게 합니다.

만일의 상황에 대비하기

미래에 대해 경제적으로 불안을 느끼는 사람은 많지만, 정작 만일의 상황에 대비하는 사람은 의외로 많지 않습니다. 예를 들어, 일을 그만두게 되거나, 이혼을 하게 되거나, 병에 걸리는 일이 살다 보면 갑자기 발생할 수 있지요. 그런데 이러한 상황에 대비하지 않고 있다가 경제적으로 곤란한 상황에 처하는 것입니다.

제가 대만에서 살 때 본 대부분의 대만 사람들은 만일의 상황에 항상 대비해두어야 한다는 생각을 하며, 당연하다는 듯 '비장의 카드'를 준비해두고 있었습니다. 저는 그 모습에 적지 않은 충격을 받았습니다. 그들은 일을 하지 못하게 되었을 때를 대비해서 별도의 수입원을 마련해두거나, 이혼해도 재산 분할이나 양육비로 다툼이 일어나지 않도록 준비해두거나, 병이나 사고에 대비해서 보험에 들어두거나 했습니다. 이렇게 인생을 살아가면서 자신에게 일어날 수 있는 나쁜 일에도 대비하는 것은 나와 내 가족의 행복을 지키기 위해서 꼭 필요한 일입니다.

저는 여행을 자주 다니는데, 소매치기를 당할 때나 혹시라도 다칠 때 또는 노트북이 고장 날 때 등과 같은 돌발 상황에 대한 대비책을 세우곤 합니다. 그리고 그런 상황이 일어나지 않았을 때까지도 생각해둡니다. 그러면 내가 할 수 있는 노력은 다했다는 안심감과 함께 여행을 즐길 수 있습니다.

대만 사람들은 진정한 '리스크 헤지risk hedge'는 아무 일도 일어나지 않는 무사함에 돈과 시간을 투자하는 것이라는 진리를 가르쳐주었습니다. 커리어를 쌓기 위해 자격증을 따고, 부부 관계를 원만하게 유지하기 위해 주말에 함께 식사를 하고, 건강 유지를 위해 매일 산책을 하는 것처럼 말이죠.

항상 약간의 위기의식을 가지고 살아갈 때 우리는 돈과 좋은 친구가 될 수 있지 않을까요?

위기감이 소중한 것을 지킬 수 있는 힘을 줍니다.

'물건'보다 '경험'에
투자하기

금전적으로 여유롭지 않던 20대, 30대 시절에 저는 생활비를 제외하고는 거의 경험에 돈을 썼습니다. 한 번도 가보지 않은 미지의 땅 밟아보기, 멋진 그림과 사진 감상하기, 보고 싶은 사람 만나기, 먹어본 적 없는 음식 먹어보기 등에 말이죠.

특히 지금까지 접해본 적 없는 것을 경험하는 일은 제게 더할 나위 없는 쾌감을 줍니다. 40대 이후에 돈을 쓰고 진심으로 행복을 느낀 경우는 비싼 물건을 샀을 때가 아니라, 지적 호기심을 충족했을 때였습니다.

'경험'이라는 눈에 보이지 않는 가치에 돈을 투자하기 아깝다는 사람도 있을 것입니다. 돈을 보석이나 옷, 가방처럼 눈에 보이는 가치와 교환하면 나중에 물건으로 남게 됩니다. 그러니 이것이 돈을 쓰는 효율적인 방법이라 생각하는 사람도 있겠죠.

하지만 요즘 시대에 '평생 가는 물건' 같은 건 없으며, 물건의 가치는 사자마자 떨어지기 마련입니다. 하지만 경험에 투자하면 그 가치는 점점 커집니다. 설령 실패한 경험이라고 해도, 기억에 남지 않더라도, 내 안에 어떠한 형태로든 스며들어 삶의 버팀목이 되어주기도 하고 지식과 지혜, 상상력과 판단력을 키워주기도 합니다.

혼자 떠난 여행, 세상에 하나뿐인 물건을 봤던 일, 특별한 사람과 만난 일 등 이런 작은 경험이 인생을 더욱더 드라마틱하게 바꿔줍니다. 가족이나 소중한 사람과 추억을 만든 경험이 쌓여 마음을 따뜻하게 만들어주기도 하지요. 작은 경험은 무한한 가치와 가능성을 지니고 있습니다.

경험에 투자하면 '나의 가치'는 점점 더 커집니다.

나에게 하는 투자를
아끼지 않는다

최근에 연금에만 노후를 기대기 불안하다는 심리가 커지며 투자를 생각하는 사람이 많습니다. 그런데 미래에 가장 높은 수익률을 보장해주는 투자는 바로 '나에게 하는 투자'입니다. 3년, 5년, 10년 단위로 자신에게 돈과 시간을 '투자'해보시길 바랍니다. 그러면 평생의 자산이 되어 새로운 가치를 창출해줄 것입니다.

예를 들어, 펜글씨나 서예를 배워 글씨를 정갈하게 쓸 수 있게 되었다고 합시다. 특별한 날 친구나 가족에게 마음을 전하기 위해 손으로 편지를 쓸 때나 직장생활을 하며 자필을 써야 할 때 좋은 인상을 줄 수도 있습니다. 좀 더 능력을 키워 캘리그라피calligraphy 쪽으로 나갈 수도 있겠지요. 소모임을 만들어 취미생활을 하면서 스트레스를 풀고 인간관계를 넓힐 수도 있습니다. 배움에 투자하여 평생 나를 따라다니는 평가를 바꿀 수 있는 것입니다. 기술을 갈고닦아서 나중에는 다른 사람에게 전수하며 돈을 벌 수도 있겠죠.

책을 읽으면 책을 쓴 저자가 지금까지 살아오면서 얻은 지혜를 배울 수 있습니다. 외국어를 배우면 그 언어를 사용하는 나라 사람과 교류를 하거나 새로운 정보를 얻을 수 있고, 악기를 배우면 함께 취미를 즐길 친구를 만들 수 있습니다.

내가 제공할 수 있는 것의 가치가 크면 클수록, 다른 이가 기뻐하는 정도가 크면 클수록, 이에 상응하여 내가 얻는 보상도 커집니다. 두 배, 세 배의 수입, 아니 그 이상의 수입을 올리게 될 수도 있습니다. 비단 수입 때문이 아니더라도 '나를 성장시키고 다른 사람에게 기쁨을 주는 능력'에 투자하는 일은 인생에 큰 만족감을 주는 가장 수익률이 높은 투자일 것입니다.

'다른 이를 기쁘게 하는 일'을 의식하며 나를 성장시켜봅시다.

지갑 속은 항상
깨끗하게 정리하기

'금전운이 좋아지고 싶으면 장지갑을 써라', '황금색 지갑을 쓰면 돈이 들어온다', '지갑의 가격은 자기 연봉의 200분의 1 정도가 적당하다' 등 지갑과 관련된 속설은 참 많습니다. 하지만 실제로 부자들은 이런 미신을 그대로 믿지는 않는 것 같습니다. 그들은 보통 자기가 쓰기 편하고, 자기 마음에 드는 지갑을 가지고 있더군요.

다만, 부자들의 지갑에 한 가지 공통점이 있기는 합니다. 바로 항상 속이 깨끗하게 정리되어 있다는 점입니다. 쓸데없는 물건에 돈을 쓰지 않고, 재활용을 잘하고, 저축을 착실하게 하는 등 돈을 잘 다루는 사람의 지갑 안을 보면 대부분 깔끔하게 정리되어 있습니다. 그래서 이들은 군이 꼼꼼하게 가계부를 쓸 필요가 없습니다. 늘 자신의 재정 상태를 확인하기 때문에 일주일 동안 쓸 돈의 예산을 정하거나 잔고를 보고 규모를 조정하면서 자기만의 규칙을 정할 수 있는 것입니다.

반대로, 돈에 항상 쪼들리는 사람일수록 지갑이 빵빵합니다. 월말에 잔고가 바닥나거나, 계획성 없이 대출을 받거나, 쓸데없는 데 돈을 쓰는 등 돈을 잘 다루지 못하는 사람은 지갑 안이 대부분 지저분합니다. 쓸모없는 영수증이나 서비스 쿠폰으로 가득 차서 지갑에 돈이 얼마 들어있는지 모르는 경우도 있죠.

지갑 속을 깔끔하게 정리하는 습관은 돈을 소중하게 다루는 태도와 직결되며, 돈의 출납을 파악하는 과정이기도 합니다. 그리고 평소에 돈을 소중히 다루는 습관은 평생의 소비습관으로 이어지지요.

일단 지갑 속을 깨끗하게 정리하고 돈을 쉽게 관리할수 있는 환경을 만들어봅시다. 다음은 '돈이 붙는 지갑을 만드는 방법'는 세 가지입니다.

첫째, 신용카드나 포인트 카드는 쓰는 것만 지갑에 넣기.

둘째, 쓸모없는 영수증이나 서비스 쿠폰은 즉시 혹은 정기적으로 정리하기.

셋째, 지폐는 종류별로 같은 면이 보이도록 넣어두기.

이 세 가지만 실천해도 별생각 없이 쓰던 돈을 규모 있게 쓰게 되고, 그동안 보이지 않던 돈의 흐름이 보이기 시작할 것입니다.

지갑 정리는 돈 관리의 첫걸음입니다.

'돈이 없다'는
말은 하지 않기

돈이 없다는 말은 굳이 입 밖으로 꺼내지 않는 것이 좋습니다. "돈이 없어서 술자리에 못 가", "돈이 없으니까 경비 좀 일단 대신 내줘", "돈이 없어서 여유가 없네" 같은 말을 입에 달고 다니면, 주변에서 어떻게 생각할까요? 사람들은 당신이 돈을 버는 능력 혹은 번 돈을 관리하는 능력이 없는 사람이라 생각하고 하나둘 당신 곁에서 떠나갈지도 모릅니다. 굳이 신경 써서 당신을 모임이나 술자리에 부르지도 않을 것입니다. 당신에게 어지간한 사정이 있지 않은 한 '짠돌이'란 꼬리표를 붙일 수도 있겠지요.

이렇게 돈이 없다는 말 한마디로 신뢰와 기회 모두 잃게 될 수 있습니다. 그리고 무엇보다 "돈이 없다"라는 나의 말을 가장 많이 듣는 대상은 바로 나 자신입니다. 그런 말에 스스로도 '나는 돈이 없는 사람'이라고 당연하게 받아들이게 되는 것입니다.

저는 아무리 돈이 없어도 돈이 없다는 말을 입 밖으로 꺼내지 않으려고 노력합니다. 자존심이 상해서이기도 하고 다른 사람이 신경 쓰게 하기 싫어서이기도 하지만, 수중에 돈이 없을지언정 돈에 쪼들리는 사람으로 각인되는 것을 원치 않기 때문입니다.

그럼 돈이 없다는 말을 하지 않았을 때 어떤 일이 일어났는지 볼까요? 저는 '지금의 돈으로도 충분히 생활할 수 있어', '정말 갖고 싶은 게 있으면 돈은 어떻게든 마련할 수 있어', '돈을 좀 더 잘 벌어야겠다'라는 생각이 들었고, 실제로도 그렇게 되었습니다. 돈에 얽매이지 않고 살 수 있게 된 것이죠.

"돈이 없다"라는 말은 나를 옭아매는 말입니다. 이 악마의 주문을 입 밖으로 꺼내지 않도록 합시다.

"돈이 없어서"라는 말은 나를 돈에서 자유롭지 못하게 합니다.

월급은 열심히 일한
내가 얻는 보상

월급이나 보너스가 들어왔을 때 돈이 들어와서 기분이 좋다가, 통장을 보고 "이번 달은 왜 이렇게 적어?", "이것으론 부족해"라며 한숨 쉬어보신 적 있으시죠?

하지만 돈에 부정적인 마음을 품으면 경제적으로 잘 풀리지 않습니다. 돈을 벌었을 때는 수입이 10원이건 100만 원이건 마음속으로 "감사합니다"라고 말해보세요. 월급이 찍힌 통장을 보며 감사한 마음을 표현하다 보면 월급이 당연하게 주어지는 것이 아니라는 사실을 깨닫게 될 것입니다. 회사로부터 해고 통보를 받거나, 병이나 부상 등 피치 못할 사정이 생겨 일을 할 수 없으면 수입이 끊기게 됩니다. 월급을 현금으로 지급받던 시절에 비해, ATM

이나 명세서로 급여를 확인하는 시스템에서는 내가 번 돈에 대해 감사함을 느끼기 더 어렵기도 합니다. 하지만 그럴수록 들어온 수입을 잘 확인하며 감사하는 마음을 갖는 것이 중요합니다.

그러면 월급 덕분에 생활할 수 있었고, 갖고 싶은 것을 살 수 있었다는 기쁨을 실감할 수 있습니다. 또한 한 달 동안 열심히 일한 나의 수고를 보상받은 기분도 느낄 수 있지요. 월급이 겨우 이거냐며 불평하는 행동은 '내 가치가 겨우 이만큼'이라고 인정하는 것과 마찬가지입니다.

돈을 벌 때마다 감사 인사를 하는 습관을 들이면, 돈의 가치를 깨닫게 됩니다. 돈 버는 쾌감을 느낄 때마다 더 열심히 사는 데 중요한 동기부여가 되기도 하죠. '열심히 하면 이만큼 벌 수 있다'는 사실을 깨달으면 용기도 생깁니다. 돈에 대한 긍정적인 마음은 우리가 인생을 살아가는 데 큰 버팀목이 되어줄 것입니다.

일해서 돈을 버는 것은 당연히 주어지는 일이 아닙니다.

지출을 할 때도
감사한 마음으로

돈이 들어왔을 때뿐 아니라 돈이 나갈 때도 감사하는 마음을 가지는 것이 좋습니다. '또 돈 나가게 생겼네', '결국 사버렸군' 하며 실망감과 죄책감을 느끼다 보면, '수입=좋음', '지출=나쁨'이라는 공식이 머릿속에 자리 잡습니다. 하지만 원래 돈이란 쓰라고 있는 것입니다. 그리고 돈을 쓸 때야말로 정말 기분이 좋지 않나요?

시험 삼아, 자판기에서 음료수를 뽑을 때 또는 편의점이나 식당에서 계산할 때 마음속으로 "감사합니다" 하고 말해봅시다. 처음에는 물건을 산 기쁨으로 행복감이 밀려올 것입니다. 그리고 며칠이 지나면 당근 하나를 살 때도 '지역에서 난 유기농 채소를 먹을 수 있어서 감사하다', '여기에는 많은 사람의 노고가 들어 있겠지'라며 그 가치를 생각하게 됩니다.

일주일 정도 지출할 때마다 감사 인사를 해보면, 정말로 감사한 마음이 드는 물건에만 돈을 지출하는 습관이 생길 것입니다. 별로 감사한 마음이 들지 않는 물건을 대충 골라 사는 일이 사라지게 되겠죠.

아무 생각 없이 하는 지출과 물건의 가치를 생각하며 하는 지출 사이에는 큰 차이가 있습니다. 지출할 때마다 감사하는 습관을 만들면 삶의 기쁨은 더욱 커집니다.

돈은 단순히 물건을 사기 위한 목적으로 쓰는 것이 아닙니다. 돈이 가치와 가치를 교환해 만족감을 가져다주는 고마운 매개체의 역할을 한다는 점을 잊지 않았으면 좋겠습니다.

돈의 다른 이름은 '감사함'입니다.

다른 사람을 위해
돈을 써보기

요즘 사회 전반적으로 기부문화가 확산되고 있습니다. 기부문화에 익숙하지 않은 나라들도 있는데, 아마도 이는 일면식도 없는 사람을 위해 무작정 돈을 지출하는 데 익숙하지 않기 때문일 것입니다.

하지만 공동체 내부에서 돈을 모아 종교단체에 기부하거나, 곤란한 이웃을 도와주는 풍습은 예전부터 여러 나라에 존재했습니다. 이뿐 아니라 사람들은 관혼상제나 연말연시, 어버이날, 밸런타인데이 등에도 돈을 쓰지요. 그리고 이렇게 주변 사람을 위해 쓰는 돈은 거의 늘 평소 지출의 일정 부분을 차지합니다. 거의 정해진 반응이라도 상대방이 "고마워!"라고 말하며 기뻐하면, 그 모습을 보는 일 자체로 기분이 좋아지지요. 또 이런 일은 상대방과 나의 연대감을 확인하게 해줍니다.

세계 여러 나라 과학자들의 연구 결과에 따르면, 인간은 자신을 위해 돈을 쓸 때보다 남을 위해 쓸 때 더 큰 행복감을 느낀다고 합니다. 한 사람의 타인이 아니라 여러 사람의 행복에 이바지할 수 있다면 기쁨은 몇 배 더 커지겠죠.

고등학교 교사인 한 지인은 사비로 크로켓croquette을 사서 학생들에게 나눠주었는데, 아이들이 좋아하는 모습에 정말 기뻤다고 합니다. 한창 식욕이 왕성한 고등학생들이 크로켓을 입에 한가득 넣고 먹는 모습을 보는 교사의 마음은 참 뿌듯했을 것입니다. 혼자서 아무리 맛있는 음식을 먹는다 한들 이보다 만족감이 크지는 않았겠죠.

남을 도우면 즐겁다는 사실이 점점 더 많이 알려지고 있기 때문인지 요즘에는 모르는 누군가를 위해 기부하는 사람도 늘어나고 있다고 하네요. 지진 발생 시 자원봉사자들의 요청을 받으면 필요한 식량과 물자 등을 인터넷으로 구매해 전달하거나, 크라우드펀딩crowd funding을 이용한 사회적 활동에 참여하는 방법 등으로 말이죠. 어느 지인은 자기 돈 수천만 원을 들여 캄보디아에 초등학교를 세우기도 했습니다.

돈이 어떻게 사용되는지 눈으로 직접 확인하면 행복감

은 훨씬 더 커지겠죠. 한 달에 5000원, 10000원이라도 나만의 방식대로 다른 사람을 위해 돈을 지출하는 습관을 만들어보세요. 소소한 만족감이 차곡차곡 마음속에 쌓여 갈 것입니다.

다른 사람을 위해 돈을 쓰면 신뢰와 감사, 만족 감이 돌아옵니다.

돈으로 살 수 '있는' 행복과
살 수 '없는' 행복의 균형 맞추기

흔히 행복은 돈으로 살 수 없다고 하는데, 사실 행복해지는 데 돈은 어느 정도 필요한 수단입니다. 예를 들어, 의식주를 마련하고 배움과 꿈을 이루는 데는 돈이 꼭 필요합니다. 꿈이 있다면 돈은 중요하지 않다고 해도, 경제적인 어려움 때문에 좌절하고 포기하는 경우도 있을 것입니다.

돈이 어느 정도 있으면 최소한의 욕구는 채울 수 있고, 불행을 미연에 방지할 수 있습니다.

하지만 돈이 아무리 많아도 "아직도 부족해", "더 있었으면 좋겠다"라며 만족하지 못하는 것도 참 불행한 일입니다. 생활 수준이 올라가 호화로운 생활에 익숙해질수록 돈에 대한 감사와 기쁨은 약해지기 마련이죠.

인생에서 어느 정도의 돈은 반드시 필요하지만, 돈으로 살 수 없는 것일수록 행복한 인생을 사는 데 중요한 요소인 경우가 많습니다. 가족이나 친구와의 안정적인 관계, 사회적 인간관계에서의 신뢰, 건강 유지, 일의 보람, 즐길 수 있는 취미나 여가활동, 마음을 챙기는 시간, 자기계발로 인격 갖추기 등 마음을 다해 꾸준히 쌓아오고 지켜온 가치들은 우리에게 깊은 행복감을 안겨주지요.

참 아이러니하게도 인간은 부를 쌓기 위해 돈으로 얻을 수 없는 이런 소중한 것들을 희생하곤 합니다. 하지만 자긍심과 자존감이 충만한 사람은 자신을 진정으로 행복하게 만드는 것이 무엇인지 알고, '돈으로 살 수 있는 행복'과 '돈으로 살 수 없는 행복'의 균형을 적절하게 맞춰나갑니다.

맹목적으로 돈을 좇지 않고, 돈에 의연한 태도를 유지하는 것이 진짜 돈을 잘 다루는 비결이 아닐까요?

한정된 돈으로 만족을 느끼는 것도 하나의 재능입니다.

나의 경제적 가치는 얼마일까?

이미 여러분도 알고 계시겠지만, 우리가 제공하는 일의 가치와 우리가 얻는 수입이 반드시 비례하는 것은 아닙니다. 가치 있는 일을 한다고 해도 수입이 적은 사람이 얼마든지 있으니까요. 연봉이나 사회적 지위가 그 사람을 평가하는 기준이라고 하는 것 또한 어리석은 생각이겠죠. 수입에 집착하지 않고 자신의 길을 개척하는 사람에게는 '만족감'이라는 보수가 주어집니다.

다만, 나의 경제적 가치를 생각하는 것은 살아가는 데 있어 중요한 일입니다. 즉 '나에게 얼마의 돈이 지불되는 것이 합당한가'는 꼭 생각해봐야 할 문제인 것이죠.

저는 대학 졸업 후 공채로 들어간 회사를 6개월 만에

그만두고 다양한 일을 경험했습니다. '나의 가치'라는 것은 보통 나를 고용하는 사람에 의해 정해지는 법입니다. 다른 사람과 동일하게 시급 8000원을 받는다면 나의 가치는 시급 8000원인 것이고, 회사에 상당한 이익을 가져다주고 시급 20000원을 받게 되었다면 나의 가치는 시급 20000원이 되는 것이지요.

이런저런 일을 거치며 저는 '내가 무엇을 잘하는 사람인지', '나의 어떤 요소에 가치를 부여할 수 있는지' 알게 되었습니다. 그리고 좀 더 제 가치를 높이기 위해 공부를 하거나 경력을 쌓고, 다른 사람과 다른 부가가치를 창출할 수 있는 다양한 방법을 모색하게 되었습니다.

'나의 경제적 가치'를 대강이라도 인식하고 있는 사람은 자신이 어떤 일을 잘하는지 알고 있으며, 항상 그 분야에서 자신의 가능성을 모색합니다. 반면, 평소에 자신의 가치에 대해 전혀 생각해본 적 없는 사람은 "난 특별히 잘하는 것도 없으니까"라며 현실에 안주합니다.

조직 안에서 일하는 사람도 나만의 세일즈포인트sales point를 부각하기 위해 내가 무엇을 잘할 수 있는지, 나의 어떤 점에 가치를 부여할 수 있는지 생각해두는 것이 좋습니다. 이는 꼭 수입으로 연결되지 않더라도 신뢰와 감사, 직책, 발언권 등으로 돌아올 것입니다.

평소에 자신이 무엇을 잘할 수 있는 사람인가 파악해

두는 습관은 반드시 나에게 보상이 되어 돌아옵니다.

내가 무엇을 잘할 수 있는 사람인지, 어떤 가치
를 가진 사람인지 항상 생각해둡시다.

Chapter 3

커뮤니케이션으로
일이 술술 풀리는 습관

껄끄러운 상대에게
먼저 인사하기

껄끄러운 사람과 어쩌다 마주치게 될 때면, 가급적 말을 하기 싫어서 못 본 척 지나가고 싶은 유혹을 느끼지 않나요?

하지만 그럴 때일수록 먼저 웃으며 인사를 건네보면 어떨까요? 이건 자신의 기분을 좋게 만드는 방법이기도 합니다. 인사를 건네는 순간 상대방에 대한 불편하고 싫은 마음 혹은 긴장감이 어느새 풀리는 것을 느낄 수 있을 것입니다.

엘리베이터에서 마주친 이웃 주민, 우연히 만난 지인이나 선후배, 택배기사 등 안면이 있는 사람들에게 망설이지 말고 "안녕하세요", "수고 많으시네요"라며 먼저 인사를 해봅시다.

먼저 인사를 건네면 대부분의 경우 상대방은 기뻐합니다. 여러분에게 호의를 느끼면서 말이죠. 상대방이 먼저 인사를 건네서 답인사를 할 경우에는, 이미 인사의 기회가 만들어진 셈이니 훨씬 말을 하기가 수월하겠죠. 하지만 인사는 내가 '먼저' 하는 데 의미가 있습니다. 약간의 용기를 낸 만큼 상대도 내게 호감을 느끼고, 가볍지만 기분 좋은 존경심을 느끼게 되지요.

설령 상대방이 내 인사를 무시한다고 하더라도 뭐 어떤가요? 그건 그쪽의 잘못이니까 괜찮습니다. '조만간 이야기를 나눌 기회가 있겠지' 하고 가볍게 넘기면 그만입니다.

인사는 다른 누구도 아닌 바로 나를 위해서 하는 것입니다. 언제까지고 불편한 기분으로 전전긍긍하는 사람, 먼저 적극적으로 자신의 감정과 인간관계를 긍정적으로 변화시키려고 노력하는 사람. 여러분은 이 중 어떤 사람이 되고 싶으신가요?

'먼저 인사하기'를 실천하는 사람은 인간관계를
긍정적으로 만들 줄 아는 사람입니다.

이름을 부르면
특별한 존재가 된다

상대방을 아껴주고 싶고 상대방이 스스로를 소중한 사람으로 느끼기 바랄 때, 가장 간단하면서 효과적인 방법은 그 사람의 이름을 아낌없이 불러주는 것입니다.

중년의 나이가 되어서도 서로의 이름을 부르는 부부는 금실이 좋다는 이야기를 한번쯤 들은 적이 있을 텐데요, 아마 결혼하신 분이라면 모두 공감하실 것입니다.

'이봐', '저기', 'oo 아빠', 'oo 엄마' 등의 호칭 대신 'oo 씨', 'oo아'처럼 이름을 불러주세요. 여기에는 '나는 특별한 존재', '내가 아니면 안 돼'라는 생각을 불러일으키며 서로를 소중하게 여기게 하는 효과가 있습니다. 사실 '이봐', '저기' 같은 호칭은 누구에게나 쓸 수 있는 말이잖아요.

레스토랑이나 미용실에서도 "어서 오세요, ooo 님" 하고 이름을 불러주면 살짝 특별대우를 받은 느낌이 들면서, 다음에도 여기로 와야겠다고 생각하게 됩니다. 수많은 사람 중 한 명이 아니라 특별한 한 사람으로 존중받는 기분이 들기 때문이지요.

누구에게나 자신의 이름은 가장 특별하고 기분 좋은 울림을 줍니다. 이런 '마법 같은 말'로 나를 불러주는 상대에게 친근감과 호의를 갖는 것은 어찌 보면 당연하겠죠.

처음 만난 사람, 직장 동료, 가족, 친구 등 누구라도 굳이 이름을 부르지 않아도 이야기를 나눌 수 있겠지만, 일부러 대화 중에 이름을 넣어보면 어떨까요. "너는 어떻게 생각해?"보다는 "oo은 어떻게 생각해?"라고 하고, "상담하고 싶은 일이 있어요"보다는 "oo 씨에게 상담하고 싶은 일이 있어요"라고 하는 거예요. 그러면 자연스럽게 상대방의 얼굴을 보게 되고, 상대방도 나의 말에 진지하게 귀 기울이게 됩니다.

항상 곁에 있는 사람, 친한 사람일수록 그 사람의 이름을 아낌없이 불러주세요. 이것만으로도 상대는 당신이 자신을 인정해주고 있다고 느끼게 될 것입니다.

이름을 부르면 '특별한' 존재가 됩니다.

남과 비교하기는 이제 그만

우리가 느끼는 불행의 대부분은 남과의 비교에서 비롯되는 경우가 많습니다. '저 사람에 비하면 나는……', '평범한 가정에 비하면 우리 집은……' 같은 생각을 하며 스스로 자신을 불행에 빠트리는 것이죠.

이렇게 비교를 하는 일은 애초에 승산이 없는 게임에 뛰어드는 것과 같기 때문에 당연히 비참한 기분에 빠지게 됩니다. '다른 사람에게는 없는 어떤 것'이 내게 있어도 이를 미처 발견하지 못하는 것이죠.

인간에게는 다른 사람과의 비교를 통해 자신을 확인하려는 본능이 있습니다. 저도 작가로 데뷔했을 때 제가 쓴 책을 베스트셀러로 만들겠다는 의욕에 불타다가, 기존 베스트셀러 작가의 책과 비교해보고 좌절했던 기억이 납니다. '나는 내세울 만한 경력도 없는데……', '있어 보이는 멋진 말도 잘 모르고……' 이런 생각들로 글 한 줄을 쓰기가 두려웠습니다.

이때 겨우 자존감을 회복하게 해준 것이 '저 사람은 저 사람이고 나는 나야'라는 생각이었습니다. '평범하기만 한 나니까 나만이 쓸 수 있는 글이 있을 거야', '나는 쉬운 말로 글을 쓸 수 있잖아'라고 생각하며 제 안에 있는 가능성을 믿기로 했지요. 그렇게 나온 책은 후에 소위 베스트셀러 반열에 올랐습니다.

비교는 나를 좌절시키려고 하는 것이 아닙니다. 비교는 의욕을 고취하고 더 나은 사람으로 성장하기 위해 '이용'하는 수단이 되어야 합니다. '전국 영업이익 10위를 달성하겠어', '저 사람처럼 열심히 살아야지' 등과 같은 생각을 하며 스스로에게 동기를 부여한다면, 다른 사람과의 비교에서 의미를 찾을 수 있습니다.

제자리에서 다른 사람과 비교하지 말고 내 안에 있는 가능성에 집중해보세요. 그러면 우리는 더욱 행복해지고, 나아가 더 빛나는 존재가 될 수 있습니다.

비교에 주도권을 뺏기지 말고, 비교를 이용해봅시다.

상대의 장점을 찾아보기

예전에 저희 집을 리모델링할 때, 작업에 참여했던 아르헨티나 출신 남성이 있었습니다. 주변에서 심한 말로 꾸짖거나 호통을 쳐도 모르는 것은 몇 번이고 물어보고, 다른 동료들과 신뢰 관계를 쌓아가는 그의 모습에 진심으로 감동했지요. 저는 그에게 물었습니다.

"살면서 화가 나거나 그런 적은 없었어요?"

그는 이렇게 대답했습니다.

"예전에는 있었는데, 일일이 화내봤자 힘만 들더라고요. 이제 저한테 필요한 것만 새겨듣고, 나머지는 한 귀로 흘려보내요."

그는 일본인 동료들의 기술과 일하는 방식을 진심으로

존경하고 있었습니다. 그런 그의 모습을 보고 도움을 주려는 사람들이 점점 늘어났지요. 결국 그는 일본에서 수도 및 전기와 관련된 여러 가지 자격증을 따고 일본인 여성과 결혼해 행복한 가정을 꾸렸습니다.

우리는 험한 세상에서 살아가기 위해 상대방의 단점이나 결점에 집중하는 경향을 띠게 됩니다. "저 사람은 이게 마음에 안 들어", "저 사람은 부탁을 잘 들어주지 않아"라며 말이죠. 이것은 자신을 위협하는 것에 본능적으로 방어기제가 작용하기 때문입니다. 하지만 상대방의 좋은 점만 찾아도 충분히 인생을 잘 살아갈 수 있습니다. 그러니 되도록이면 '저 사람도 나름대로 좋은 면이 있어'라고 생각해보세요.

나에게 도움이 되는 점을 받아들이고 나머지는 흘려보내는 습관을 들이면, 부정적인 감정이 사라지고 자신이 원하는 방향으로 인생이 흘러갑니다. 동료나 가족의 단점이나 결점을 지적하는 사람도 물론 있겠지만, 그러한 점에 집중해봤자 나만 피곤해질 뿐입니다. 여기 상대가 어떤 모습이건 좋은 관계를 유지하는 방법이 있습니다. 바로 나에게 필요한 것, 즉 '나에게 도움이 되는 상대의 장점'을 알아보는 감각을 깨우는 것입니다.

'장점 찾기'를 실천하면 세상은 내 편이 됩니다.

장점은 꼭 말로 표현해주기

쉽게 다른 사람들에 관한 불평불만을 늘어놓는 사람을 보면 제가 늘 하는 질문이 있습니다.

"혹시 그분을 칭찬해보신 적은 있나요?"

이 질문에 대부분은 "없습니다"라는 대답을 돌려줍니다. 아마 단점은 곧잘 지적해도 장점은 말로 잘 표현하지 않기 때문이겠죠.

원래 사람은 상대방의 장점보다 단점에 민감하게 반응합니다. 안 좋은 점이 눈에 띄면 그것만 보여서 좋은 점은 미처 발견하지 못하는 것이죠. 하지만 지적을 받은 상대방은 '이 사람은 나를 한심하게 보는구나'라는 생각을 하고 자연스럽게 어떤 노력도 하지 않게 됩니다. 그래서 일부러라도 상대방의 좋은 점을 말로 표현해주어야 하는 것입니다.

장점을 말해주는 것은 그렇게 어려운 일이 아닙니다. 장점이 하나도 없는 사람은 없으니까요. "글씨가 예쁘다", "전화 응대를 정말 잘하네", "일머리가 참 빨라"처럼 머릿속에 떠오르는 말을 바로 표현하는 것이 핵심입니다.

만약 칭찬하는 일에 익숙하지 않다면 그냥 내가 받은 '감동'을 솔직하게 전달하면 됩니다. "oo 씨가 맡아주면 안심할 수 있지", "oo해줘서 많은 도움이 됐어", "그런 점은 정말 존경스럽다니까" 등은 대단한 말재주가 없어도 할 수 있는 말이죠.

상대방은 잘했다는 말을 들으면 부끄러워해도 분명 기뻐할 것입니다. 사람은 자신을 인정해주는 사람의 기대에 부응하려고 노력하는 법입니다. 그러니 아마도 여러분을 대하는 상대방의 태도에 큰 변화가 생기겠죠.

무엇보다 이 습관의 가장 큰 장점은 칭찬한 나의 기분이 좋아진다는 것입니다. 상대방의 장점을 찾아 칭찬하면 불만스럽던 마음에 여유가 느껴질 것입니다. 나와 상대방 모두가 행복해지는 칭찬하는 습관, 우리 모두 오늘부터 시작해봅시다.

칭찬을 잘하는 사람은 누구에게나 사랑받습니다.

누군가의 팬이 되어보는 것

누군가의 팬이 되어보는 습관은 우리의 하루에 생기를 불어넣어 줍니다.

스포츠 선수, 연예인, 예술가, 유튜버 등 한 가지 목표를 향해 열심히 노력하는 누군가의 모습을 보면 '저 사람을 응원하고 싶다!'라는 마음이 듭니다. 이것은 우리 머릿속의 이성적 사고가 아닌 무의식에서 저절로 솟아나는 감정입니다.

저도 한 축구 선수의 팬이라 그 선수가 해외에서 하는 경기를 보러 간 적도 있습니다. 제가 응원하는 그 선수가 좋은 활약을 하면 진심으로 기쁘고, 다치거나 슬럼프에 빠지면 안쓰럽고 걱정이 되어 견딜 수 없었습니다. 난관을 이겨내고 복귀를 했을 때는 마치 가족이라도 되는 양 대견한 마음이 들고 감정이 이입되어서 저도 모르게 기쁨의 눈물을 흘린 적도 있습니다.

누군가의 팬이 된다는 것은 이렇게 자신의 일상에 감동과 활기를 불어넣는 일입니다. 더 좋은 효과는 '나도 열심히 해야겠다'라는 마음이 들며 자기 자신의 발전을 위해 노력하게 된다는 것이죠.

굳이 멀리 있는 사람이 아니더라도 주변의 직장 동료, 가족, 친구, 연인을 팬의 마음으로 바라보면 또 다른 기쁨을 느낄 수 있습니다. '팬심心'은 상대를 구속하려는 마음이 아닙니다. 상대에게 조금이라도 힘이 되고 싶어 하며 소소한 도움을 주거나 응원의 메시지를 보내는 마음입니다. 누군가의 성장에 내가 기여하고 있다고 느낀다면 그 사람의 성공에 진심으로 기뻐할 수 있겠죠.

누군가를 팬의 마음으로 응원하다 보면, 나를 응원할 수 있는 용기를 얻기도 합니다. 누군가가 열심히 노력하는 모습을 보며 '나 살기도 바쁜데'라며 무심하게 지나치거나, 능력이 뛰어나 잘나가는 사람을 보고 '망했으면 좋겠다'라며 배 아파하는 건 참 안타까운 일입니다. 이는 상대에 대한 무관심이나 악의라기보다는 자기 자신에 대한 불만의 표현이기 때문입니다.

'누군가를 응원할 수 있는 사람이 되고 싶고, 누군가에

게 응원을 받는 사람이 되고 싶다.' 이런 생각은 마음 그릇
을 크게 만들어 인간관계에 더욱 생기를 불어넣어 줄 것
입니다.

다른 이의 행복을 응원하면 내가 행복해집니다.

센스 있게 부탁하는 방법

혹자는 부탁을 할 때나 도움을 청할 때 상대가 거절하기 어려운 말로 해야 한다고 하지만, 저는 이에 동의하지 않습니다. 예를 들어, 동료에게 함께 야근하며 일을 도와달라고 부탁할 때를 생각해봅시다. 거절할 수 없는 상황으로 압박하거나, 입에 발린 말로 구슬리거나, 사례나 답례 등의 당근을 제시하며 '승낙'을 받아낼 수는 있겠지요. 하지만 상대는 왠지 강요받았다는 느낌을 지울 수 없을 것입니다.

이런 일이 몇 번 반복되면 나는 상대에게 피하고 싶은 사람으로 낙인찍히고, 상대는 최대한 나를 멀리하려고 하겠지요.

영업에서도 계약을 성사시키려 할 때 내 전략대로 몰아붙여 상대에게 '오케이'를 받아내는 것만이 능사는 아닙니다. 무리한 설득은 그 순간은 어떻게 잘 넘어갈 수 있을지 몰라도, 장기적으로 보면 신뢰 관계에 악영향을 주기 때문입니다.

정말 센스 있게 부탁과 도움을 잘 청하는 사람은 상대방에게 빠져나갈 구멍을 마련해줍니다. 제가 오랫동안 믿고 교유하는 지인들을 떠올려보면 '반드시'라고 해도 과언이 아닐 정도로 이 원칙을 지키고 있습니다.

"이것 좀 부탁하고 싶은데, 시간이 괜찮으면 도와줄 수 있어요?"

"만약에 안 되면 다음에 부탁할게."

이들은 부탁이나 요청은 상대방의 상황에 맞춰서 해야 한다는 사실을 알고 있기 때문에, 겸손한 자세로 상대의 의향을 묻는 것입니다.

그러면 부탁을 받는 쪽도 기분이 좋겠죠. 배려와 조심스러움을 느끼고 어떻게 해서든 도와주고 싶은 마음이 들 것입니다. 그래서 만약 상황이 안 되더라도 "다는 못 해도 조금은 도울 수 있어요", "다음번에 꼭 다시 불러주세요"라며 친절을 보이려고 노력하게 되지요.

부담 없는 말로 청해 억지로 받아내는 승낙이 아니라, 함께하고 싶은 사람이라는 신뢰를 얻을 수 있는 것입니다.

그리고 비로소 부탁을 주고받기 쉬운 관계가 형성되는 것이죠. 부탁할 때, 상대가 거절할 수 있는 여지를 마련해주는 습관은 상대를 내 편으로 만듭니다. 또 상대로 하여금 적극적으로 도움을 주고 싶은 마음이 들게 합니다.

중요한 것은 당장 승낙을 받아내는 것이 아니라,
꾸준히 신뢰 관계를 쌓아가는 것입니다.

상대의 단점이 거슬릴 때

'이 사람의 이런 점이 너무 싫어.'

'왠지 마음에 안 들어!'

상대방의 단점이 신경 쓰여 괴로우신 적 있으시지요? 가령 회사 후배의 거슬리는 말버릇, 상사의 무책임한 행동, 연인의 부정적인 성격 등과 같은 것들 말이에요. 지적할 정도까진 아니라서 그냥 넘기면서도, 그런 단점과 마주할 때면 불쑥 화가 치밀거나 가슴이 답답해지는 경험을 누구나 한 번쯤 해보았을 것입니다.

예전에 항상 호통을 치며 다니는 상사 밑에서 일한 적이 있었습니다. 저는 몇 달이 지나도 도저히 익숙해지지 않아, 심장이 벌렁거리고 두려움에 떨어야 했죠. 다른 사람이 큰소리를 들을 때도 제가 다 눈물이 날 지경이었습니다. 그런데 이런 저와 달리 비슷한 시기에 들어온 동료는 전혀 동요하지 않는 것 같았습니다.

어느 날, 동료에게 말했습니다.

"전혀 꿈쩍도 안 하고 정말 멘탈 강하다."

그러자 동료는 빙긋 웃으며 대꾸했습니다.

"강한 게 아니라 익숙해진 거야."

그랬습니다. '익숙해진다는 것'은 참는 것도 용서하는 것도 아닌 '신경을 쓰지 않는 것'이었습니다. 이 사실을 깨닫고 저는 무릎을 탁 쳤습니다.

하지만 여전히 상대의 단점에 무던해지기 힘든 사람도 있겠죠. 당연합니다. 사람은 좋은 일에도 나쁜 일에도 금방 익숙해지지만, 싫거나 용서하기 힘든 일은 마음에 차곡차곡 쌓아두게 되는 법이니까요. 그리고 불만을 점점 키우다 결국 참지 못하고 터트리게 되죠.

그렇기 때문에 더욱 의식적으로 상대의 단점에 신경 쓰지 않는 습관을 들이려고 노력해야 합니다. 좋은 점에 집중해보기도 하고, 별일 아니라고 자신을 타이르기도 하면서 말이죠. 이 습관을 반복하면 점점 신경을 덜 쓰고 있는 자신을 발견할 수 있을 겁니다.

익숙해진다는 것은 마음으로 '별로 문제 되지 않아'라고 판단했음을 의미합니다. 상대방의 단점을 바꿀 수는

없습니다. 그렇다면 내가 그것에 익숙해지고 무뎌지도록
노력하는 것이 현명한 방법이 아닐까요?

상대방의 단점에 익숙해지면 상대방은 내 적이
아닙니다.

헬퍼스 하이

"그 사람 정말 친절하지!"

모두가 입을 모아 친절하다고 칭찬하는 사람이 있죠. 그런데 잘 생각해보면, 결코 그 사람이 대단한 친절을 베풀거나 한 것은 아닐 때가 많습니다. 오히려 돌아서면 잊어버릴 정도로 소소한 친절을 꾸준히 실천한 경우가 많지요.

그 사람은 이것이 자신과 상대 모두에게 부담이 되지 않는 방법임을 알고 있는 것입니다. 게다가 기억에 남는 대단한 친절을 베풀어도, 돌아서면 잊어버릴 소소한 친절을 베풀어도, 상대가 고마워하는 것은 한 번뿐입니다. 그렇다면 작은 친절을 조금씩 자주 실천하는 게 더 현명한 선택이 아닐까요?

현명한 사람은 친절을 베풀 때 상대에게 도움이 될 만한 것이 없는지 먼저 생각하는 습관을 실천합니다. 무언가를 찾고 있는 사람이 있으면 함께 찾아주고, 양손 가득 짐을 들고 있는 사람이 있으면 문을 열어주는 것처럼 말이죠. 야근하는 동료에게 커피를 사다 주기도 하고, 기분 나쁜 일을 겪은 친구의 푸념을 묵묵히 들어주기도 하는 등 자신이 할 수 있는 것을 마다하지 않고 합니다. 처음 본 사람에게 자리를 양보하거나 길을 가르쳐주기도 하지요.

누군가에게 친절을 베풀 때 인간은 행복을 느낍니다. 이는 봉사나 선행을 하면 엔도르핀이 생성되어 '헬퍼스하이helper's high(남을 도우면서 몸에서 신체적으로 정서적 포만감을 느끼게 되는 상태를 말한다—옮긴이)' 상태가 되기 때문이라고 합니다. 누군가에게 도움이 되었다는 생각에 활기가 생기고, 이에 또 친절을 베풀고 싶다는 생각이 드는 선순환이 성립되는 것이죠.

또 현명한 사람은 친절을 베풀 때, 기본적으로 자신이 하고 싶어서 하는 일이며 상대가 고마워하면 그걸로 충분하다고 생각합니다. 그래서 이런 사람들은 보답이 없어도 신경 쓰지 않습니다. 보통 친절은 전염성이 강해 서로 주고받는 관계로 발전하게 되지요. 하지만 설령 친절에 대한 보상을 받지 못해도 이들은 스스로 만족감과 뿌듯함, 상대로부터 받는 감사 인사와 존경, 신뢰 등 눈에 보이지 않는 소중한 가치를 얻는 데 만족합니다.

하루에 한 번 친절을 베풀어보세요. 틀림없이 우리를 행복하게 만들고 인간관계에 활력을 가져다줄 거예요.

소소한 친절에는 값으로 환산할 수 없는 은혜가 있습니다.

단 한마디만 덧붙여보기

인사말에 한마디를 덧붙이기만 해도 평범했던 인사가 훌륭한 커뮤니케이션이 됩니다.

본인이 말주변이 없거나 주변에 왠지 말을 붙이기 어려워 보이는 사람이 있다면, 인사말에 한마디 덧붙이기부터 시작해보세요. 주제는 날씨나 계절, 감사, 칭찬 등 무난한 것이 제일 자연스럽겠죠. "안녕하세요. 날씨가 쌀쌀하네요", "오늘도 일찍 나오셨네요", "오늘 드디어 oo하는 날이네요", "오늘 셔츠 예쁘네요" 등과 같이 사소한 것이라도 좋습니다.

인사는 누구나 다 아는 정형화된 말이지만, 여기에 '한마디 덧붙이기'를 하면 나만의 특별한 인사를 만들 수 있습니다. 한마디에 진심을 담아 상대방을 존중한다는 경의와 호의를 확실히 전달한다면, 그걸 싫어하는 사람이 있을까요?

만약 친해지고 싶은 사람이 있다면 덧붙이는 한마디를 의문형으로 만들어보세요. "감기는 좀 나으셨어요?", "어제 잘 들어가셨어요?", "요즘 바쁘신가 보네요?"와 같은 질문을 하는 거예요. 그 후에는 상대방으로부터 대답을 듣고 좀 더 깊은 대화를 나눌 수 있습니다.

업무 메일을 보낼 때도 정형화된 문장 뒤에 한마디 덧붙이면 메일을 받는 상대방의 기분이 달라지겠죠. 오랫동안 알고 지낸 편집자 중 한 명은 메일을 보낼 때 딱딱한 인사말 대신 날씨 이야기로 운을 떼곤 합니다. "오늘 도쿄에는 반가운 비가 내렸습니다. 지난번 안건에 대해 말씀드리면……." 어떤가요? 날씨와 관련된 표현만으로도 이렇게 풍부한 내용을 만들 수 있다니, 참 놀랍습니다.

나만의 한마디가 있느냐 없느냐의 차이로 나에 대한 인상이 크게 바뀔 수 있다는 것을 기억하시면 좋겠습니다.

인사는 나를 표현하는 소중한 커뮤니케이션 수단입니다.

평가보다는 감동 전달하기

"감사합니다"라는 인사는 누구에게 들어도 기분 좋은 말이죠. 여기에 한마디 더 추가하면 그 효과를 배가시킬 수 있습니다.

제 강연을 들으러 오시는 분과 길에서 우연히 마주쳤을 때, 그분이 이런 말을 했습니다.

"어제 강연 잘 들었습니다. 강연에서 말씀하신 커뮤니케이션 방법을 실제로 써먹었더니, 부부 관계가 더 좋아졌어요. 정말 감사합니다."

감사하다는 인사만으로도 기쁜데 많은 도움이 되었다니, 말로 표현하기 힘든 행복한 감동이 밀려왔습니다. 그리고 더 열심히 해야겠다는 생각이 들었습니다.

그런데 감사 인사에 한마디를 덧붙일 때 주의해야 할 점이 있습니다. 바로 상대방을 주어로 상대방에 대한 평가를 하는 것이 아니라, '나'를 주어로 해서 내가 받은 감동과 영향을 전달해야 한다는 것입니다.

"고마워. 일 처리가 빠르네", "감각 있어"라는 말은 기분 좋은 칭찬이지만, 상대방을 평가하고 있다는 인상을 줍니다. 사람에 따라 이런 말에서 거만하다는 인상을 받을 수도 있고, 이러한 감정이 지속되면 결국 상처를 받을 수도 있습니다.

하지만 "고마워. 정말 많은 도움이 됐어", "덕분에 일이 빨리 끝났어"처럼 '나'를 주어로 해서 한마디를 덧붙이면 나의 기분을 솔직하게 표현하는 느낌이 듭니다.

특히 상사에게 많은 도움이 되었다는 칭찬을 듣는 것보다 기쁜 일은 없겠죠. 참고로 "OO 씨 덕분에 다들 많은 도움을 받았어요"와 같이 '우리'를 대표하여 한마디를 덧붙여도 좋습니다.

익숙해지기 전까지 "감사합니다. 덕분에……"라는 말로 운을 띄운다면, 한마디 덧붙이기가 훨씬 수월해질 것입니다. 감사 인사는 아무리 해도 지나치지 않지요. 그러니 꾸준히 연습해서 자연스럽게 몸에 배도록 노력해볼까요?

감사 인사는 상대에 대한 '최고의 긍정 표현'입니다.

지적할 때일수록
말투는 신중하게

일반적인 지식이나 사리분별, 즉 다른 말로 '상식'을 이야기할 때는 자신도 모르게 태도가 딱딱해지거나 강요하는 말투가 되는 사람이 있습니다. 어쩌면 대부분의 사람이 그럴지도 모르겠네요. 왜냐하면 누군가를 대상으로 상식을 논할 때는 보통 그 사람의 잘못을 지적하는 경우가 많기 때문입니다.

"지금 그 말은 어떻게 생각해도 이해가 가지 않네요", "정상적인 사회인이라면 당연히 그래야 하죠", "왜 이런 것도 모르는 거죠?" 등과 같이 사람들은 누구나 다 아는 상식을 이야기할 때는 꼭 상대방보다 위에 서서 고고한 자세로 이야기하는 경향이 있습니다.

거기서 더 나아가 평상시의 감정을 분풀이하듯이 거친 말투로 몰아붙이는 경우도 있는데, 이는 어쩌면 자신이 어떻게 해서든 우위를 점하고 싶다는 마음의 표현일지도 모릅니다. 상대방은 자신의 잘못을 알면서도, 상식을 무기로 몰아붙이면 자존심이 상하고 궁지에 몰려 결국 분노를 터뜨리고 말 것입니다.

사회에서 통용되는 상식을 말하지 말라거나 상대방의 잘못된 점을 지적하지 말라는 것이 아닙니다. 그저 말투에 조금 신경 써야 한다는 뜻이지요. 내가 올바르다고 생각하는 지식일수록 오히려 겸손한 자세로 전달해야 상대방이 마음을 열고 받아들일 수 있을 테니까요.

세상에 완벽한 사람은 없습니다. 저도 때로는 실수를 하기도 하고 잘못된 행동을 하기도 합니다. 그런데 이런 때에 "제가 틀린 걸 수도 있는데, ㅇㅇ이 아닐까요?"라며 조심스럽게 지적해주는 사람에게는 참 고마운 마음이 듭니다.

상식을 이야기할 때는 상대에게 상처를 줄 수 있다는 사실을 기억하세요. 현명한 사람은 자신의 말의 정당성보다 상대에 대한 '배려'를 선택할 테니까요.

'상식'으로 공격받은 상대는 자신을 몰아붙인다고 생각합니다.

자신 있는 일일수록
자만하지 않기

사업가, 예술가, 스포츠 선수 등 자기 분야에서 소위 '최고' 혹은 '일류'라 불리는 사람들 대부분은 자신을 내세우지 않습니다. 언제나 겸손하지요. 이미 세상으로부터 인정을 받았기 때문에 굳이 자신을 내세울 필요가 없기도 하지만, 아마도 그들은 아무도 알아주지 않았을 때부터 원래 겸손한 사람이었을 것입니다. 의식적으로든 무의식적으로든, 사람들이 겸손한 사람에게 호감을 느끼고 겸손한 자세가 자신의 성장에 도움이 된다는 사실을 알고 있었기 때문이겠죠.

하지만 애석하게도 '이류', '삼류'라 불리는 사람일수록 "제 능력이 좋아서", "엄청나게 노력했죠"라며 자신을 치

켜세우기 바쁩니다. 이는 사실 자신이 없어서 되레 자신을 내세우는 것일지도 모르겠습니다.

회사에서도 자신 있는 일, 잘하는 일에 대해 자신이 최고라는 듯 자만하거나 거만하게 가르치려 드는 사람이 있습니다. 자신을 인정해달라며 열심히 내세우는 마음을 이해하지 못하는 것은 아닙니다. 하지만 상대방을 전혀 배려하지 않고 자랑하듯 이야기하면 대부분의 사람은 "그래, 좋겠네" 하고 떨떠름하게 반응할 수밖에 없습니다. 잘난 척한다며 시기하는 사람도 있겠죠. 그렇게 주변에서 빈축을 사면, 곤란한 상황에 부닥치거나 실수했을 때 비난의 화살을 피할 수 없을 것입니다.

자신 있는 분야일수록 아직 부족하다는 겸손한 태도를 취해보세요. 다른 사람을 자극하는 것이 아니라 나 자신을 뛰어넘으려고 노력해보세요. 그리고 누구에게든 배우는 자세, 감사하는 자세로 대해보세요.

겸손은 다른 사람을 내 편으로 만드는 멋진 기술이며, 원하는 내가 될 수 있게 해주는 원동력임을 잊지 않으셨으면 좋겠습니다.

자신감과 겸손함은 동전의 양면. 겸손한 태도는 자신감이 되어 쌓입니다.

존경할 수 있는 사람이
곁에 있나요?

풍요로운 인생을 살기 위한 효과적인 방법 중 하나는 존경할 수 있는 사람을 곁에 두는 것입니다. 존경은 꼭 상당한 재력이나 높은 지위, 멋진 경력 등의 특별한 자격과 연관되는 것이 아닙니다. 하나라도 '배울 만한 점'이 있으면 존경의 대상이 될 수 있지요.

존경심을 느끼는 포인트는 저마다 다르겠지만, 저의 경우에는 사고방식이 명료한 사람이나 항상 친절한 사람 또는 시간 관리를 잘하는 사람이나 인생을 즐기는 법을 아는 사람에게 존경심을 느낍니다. 즉 상대의 사고방식과 행동, 삶의 방식과 태도를 눈여겨보는 것이지요.

존경할 수 있는 사람을 가까이하면 마치 교과서를 보

듯 '이 상황에서 그 사람은 어떻게 행동할까?'를 생각하며 그의 사고방식을 배울 수 있습니다. 또 그 사람의 조언을 열린 마음으로 받아들이고, 건설적인 의견 교환을 할 수도 있게 되지요. 그러다 보면 그 사람의 존재만으로도 삶의 활력을 얻는 등 수많은 이점을 얻을 수 있습니다. 상대방도 내게 배울 점이 없다면 관계를 지속하지 않을 것이므로, 나 또한 상대방에게 도움이 되려고 노력하겠죠.

회사나 주거지에서처럼 내 의지로 인간관계를 선택할 수 없는 경우도 있습니다. 이럴 때도 상대방에게서 존경할 수 있는 점을 찾으면 더 좋은 관계를 유지할 수 있습니다. 기계를 잘 다루는 재능, 영어를 잘하는 능력, 긍정적인 성격, 유머와 센스를 겸비한 감각, 뛰어난 기억력 등 누구에게나 배울 만한 점은 있기 마련입니다.

부부나 연인 사이도 애정보다 존경을 느낄 때 더 오래 관계를 지속할 수 있습니다. 애정은 식기도 하지만, 존경은 시간이 지날수록 사람 대 사람의 관계를 굳건하게 만들어주지요. 존경하는 마음이 있으면 상대방에 대한 태도가 부드러워지고 정중해집니다. 즉 존경은 애정보다 안정적이며 지속적인 인간관계를 형성하도록 도와줍니다.

'존경'은 하루를 살게 하는 기분 좋은 자극제입니다.

Chapter 4

능숙한 감정 컨트롤로
기분을 좋게 유지하는 습관

마음이 불안할 때는 제삼자의
시선으로 바라보기

　　감정의 동요를 느끼고 싶지 않은데, 나도 모르게 초조하고 불안해질 때가 있지요. 우리 모두의 마음속에는 '감정'이라는 이름의 말이 한 마리씩 살고 있습니다. 이 말은 엄청난 겁쟁이라서, 외부의 자극 등으로 불편을 느낄 때면 갑자기 폭주하거나 그 자리에 주저앉아 한 발짝도 꿈쩍하지 않으며 주인을 곤란하게 만들죠.

　　다른 사람보다 훨씬 감정적인 제가 감정에 휘둘리지 않기 위해 쓰는 방법은 '객관적인 자아'를 창조해 감정이라는 말의 마부가 되는 것입니다. 불안하고 초조한 느낌이 들면 '안달복달해봤자 좋을 거 하나 없어', '별로 대단한 일도 아니야'라며 자신을 타이르는 것이죠. 이렇게만 해도 잔뜩 긴장해 있던 어깨가 편안해지면서 불안하고 초조했던 마음이 가라앉습니다.

대부분의 사람은 자신의 감정을 제일 잘 아는 건 자기 자신이라고 생각하지만, 사실은 객관적으로 본인을 바라보지 못하는 경우가 많습니다. 자신을 객관적으로 바라보지 못하면 항상 불안한 기분으로 살 수밖에 없지요.

자기 자신을 객관화하는 작업을 심리학에서는 '메타인지metacognition'라고 합니다. 메타인지는 인간의 감정을 통제하는 핵심 개념이지요. 메타인지를 하는 습관이 생기면 우리는 자신의 감정을 다스릴 수 있습니다.

메타인지를 하는 습관을 만들면 주변 사람과 트러블이 생겼을 때 '비효율적인 감정소비는 그만하자'라며 이성적으로 판단할 수 있습니다. 스트레스가 쌓였을 때는 '기분전환을 해볼까'라며 빠르게 회복 모드로 들어갈 수 있겠죠. 인생에서 좌절했을 때도 '참, 드라마 같은 일이네' 하며 낙천적으로 생각할 수 있습니다.

메타인지는 운동처럼 하면 할수록 능숙해지는 기술입니다. 그리고 이렇게 '객관적인 자아'를 인지하는 것은 인생을 유연하게 살아가는 방법이랍니다.

'객관적인 자아'를 인식하기만 해도 마음이 평온해집니다.

작은 행복을 가져다주는
일곱 가지 단어

"오늘은 일찍 가나 했더니 다 틀렸군."

"야근은 대체 누가 만든 거야!"

야근할 때 동료들이 이렇게 불평한다면 듣는 사람의 기분도 같이 우울해지겠죠. 열심히 일했으니까 우리 자신을 좀 칭찬해주자거나, 이제 얼마 안 남았으니까 힘내자고 긍정적으로 말하는 사람이 있으면 듣는 사람까지 힘이 날 텐데 말이죠.

말은 이렇게 주변에 영향을 미칩니다. 더 중요한 것은, 말은 하는 사람 자신에게도 영향을 준다는 사실이지요.

말에는 강력한 자기암시의 힘이 담겨 있습니다. 말을 예쁘게 하면 기분이 밝아지고 복이 굴러 들어오기 마련입니다. 늘 기쁨과 감사의 말을 하는 사람은 혈색부터 밝고, 얼굴에서 미소가 떠나지 않습니다. 하지만 슬픔과 분노, 불안을 입에 달고 다니는 사람은 부정적인 기운을 끌어들이게 됩니다. 그런 말들이 자신의 몸과 마음을 병들게 한다는 사실을 깨닫지 못한 채 말이죠. 자꾸 불평불만을 토로하면 얼굴에 불만이, 자주 우울한 말을 늘어놓으면 얼굴에 우울함이 따라다닙니다.

인생이란 여행길을 행복하게 즐기는 사람은 현실이 어떻든 긍정적으로 말하고 긍정적인 면에 집중하는 습관이 있습니다. 현실이 힘들더라도 분명 어딘가 긍정적인 요소가 숨겨져 있기 마련입니다. 반복되는 평범한 일상에도 작은 행복은 얼마든지 존재하는 법이니까요.

항상 긍정적인 말을 하면 감정과 기분에 변화가 찾아오고, 이 변화는 다시 우리 인생을 긍정적인 방향으로 이끌어줍니다. 시험 삼아 일상생활 속에서 다음에 소개하는 일곱 가지 단어를 습관처럼 써보세요. "기뻐", "즐거워", "행복해", "멋지다", "운이 좋아", "잘했어", "고마워." 이 밖에도 나를 기분 좋게 해주는 말이 있다면 아낌없이 스스로에게 해주세요. 현실을 바꾸기는 힘들어도, 내가 하는 말을 바꾸는 일은 그리 어렵지 않답니다.

긍정의 말은 몸과 마음에 활력을 불어넣어 줍니다.

하기 싫은 일에는
단호하게 NO!

여러분 중에 약속 요청을 잘 거절하지 못하는 사람 있으시죠?

저도 그랬습니다. 회사 회식이나 친구와의 약속, 업무상 점심 약속 등을 거절하지 못해 항상 알겠다 해놓고 불편한 마음이 되었죠. 약속 당일에 떨어지지 않는 발걸음을 억지로 옮겼던 적도 있었습니다. '거절하면 상대방이 뭐가 돼', '생각해서 불러줬는데 싫다고 할 순 없잖아'라며 상대의 기분에 맞춰주려고 제 감정을 희생했던 것이죠.

이런 습관에 안녕을 고하게 된 것은 제가 기분 좋은 일에 우선순위를 두기 시작하면서부터입니다. 만나자는 요청을 거절해도 대부분 별로 문제가 안 된다는 사실을 깨달고 이렇게 변하게 되었지요. 거절하는 순간에는 약간의 용기를 내야 했지만, 마음은 훨씬 편해졌습니다.

'내가 가지 않으면 상대가 실망하겠지'라는 생각은 어쩌면 오만한 것일지 모릅니다. 상대는 내가 가지 않아도 즐겁게 보낼 텐데 말이죠. 약속을 한 번 거절했다고 해서 인간관계가 끊기는 경우도 없습니다. 오히려 솔직하게 말하는 것이 상대에게도 편할 수 있지요. 그런 일로 끊어질 인연이라면 어차피 오래 지속될 관계도 아닐 것입니다.

누군가 내키지 않는 부탁을 청해왔을 때 "안 됩니다"라고 말해보세요. 이런 습관은 우리 인생을 훨씬 편하게 만들어줍니다. 특별한 이유가 없어도 괜찮습니다. 그냥 내가 하기 싫은 것도 충분한 이유입니다.

나에게는 나의 사정이 있고, 상대에게는 상대의 사정이 있는 법이죠. "초대해줘서 고마운데 가기 힘들 것 같아"라고 정중하게 "NO"를 외쳐보세요. 반대로, 내가 상대와 약속을 잡을 때도 압박을 주거나 무리하게 조르지 않아야 합니다. 이상적인 관계란 거절해도 상처받지 않는 그런 편한 관계라고 생각합니다.

'NO'라고 말하면 기분 좋은 시간과 편안한 관계를 만들 수 있습니다.

살다 보면 그럴 수도 있지

화나는 일, 걱정되는 일, 후회되는 일처럼 받아들이기 힘든 일을 마주했을 때 마음을 편하게 만들어주는 말이 있습니다. 바로 '그럴 수도 있지'입니다.

제가 아는 친구 부부는 둘 다 성격이 만만치 않아서 옥신각신 의견 차이를 좁히지 못하는 경우가 많았습니다. 그래서 항상 싸움이 끊이지 않았지요. 그런데 어느 날, 아내가 "그럴 수도 있지. 그것보다 모처럼 쉬는데 즐겁게 보내자"라며 마음을 바꿔먹었습니다. 그러자 남편도 한층 누그러진 태도를 보였다고 합니다.

상대방을 위해 양보해준다고 생각하기보다 '그럴 수도 있지'라고 생각하고 넘기면 기분이 온화해집니다. 이는

'마음에 들지는 않지만, 그건 그거고 일단 할 일을 하자'는 의미이기도 하죠.

성질을 부려서 좋은 일은 하나도 없지요. '이러이러 해야만 한다'는 기준을 정해 놓았기 때문에 상대의 행동을 이해하지 못하는 것입니다. '그럴 수도 있지'는 이런 아집이나 집착으로부터 우리의 마음을 자유롭게 해방시켜주는 말입니다.

싫은 일을 참으라거나 무책임하게 문제를 회피하라는 뜻이 아닙니다. 상대방이나 지난 일처럼 내 힘으로 어찌할 수 없는 대상에 대해 고민한들 상처받는 것은 자신입니다. 그럴 수도 있다고 생각하고 넘기는 태도는 나뿐만 아니라 주변 사람의 어깨의 짐도 덜어줍니다.

자신의 잘못을 반성할 때 "뭐, 그럴 수도 있지. 그때는 그게 옳다고 생각했으니까" 하고 말해보세요. 동료에게 화가 날 때도 '그럴 수도 있지. 원래 저런 사람이니까 뭐 어쩌겠어'라고 생각해보세요.

인생에서 심각한 일은 생각보다 많지 않습니다. 어떤 일이 일어나도 긍정적인 마음을 가져보면 어떨까요.

'용납할 수 없는 일'에 집착하는 것은 인생의 시간을 낭비하는 일입니다.

아무것도 하지 않으면
아무 일도 일어나지 않는다

보통 우리는 고민이 있을 때 '어째서'라고 생각합니다. 예를 들어, 업무상 실수를 했을 때 '어째서 나는 이 모양인 거야?', '어째서 상사는 나한테 핀잔을 주는 거야?', '어째서 나는 이 일을 선택한 거야?' 등의 자책과 책망이 꼬리에 꼬리를 물어 밤에 잠을 이루지 못하기도 하지요.

이렇게 끙끙 앓을 때는 문제와 감정이 뒤섞여 머릿속이 엉망인 경우가 많습니다. 문제도 감정도 모두 중요하지만, 우선 문제를 해결하는 것부터 시작해봅시다.

문제 해결을 위해서는 '어째서'가 아니라 '어떻게'를 먼저 생각해야 합니다. 물론 이유를 생각해보는 것이 앞으로의 문제점을 개선하기 위해 필요할 때도 있습니다. 하지만 쉽게 답이 나오지 않는 문제를 고민하는 건 자신을 더 괴롭히는 일일 뿐입니다. 애초에 정답 같은 것도 없을 뿐더러, 정답을 아는 사람도 없기 때문입니다.

앞으로의 인생을 잘 살아가고자 한다면 지금 내가 할 수 있는 일이 무엇인지에 대해서만 생각해보시기 바랍니다. 간단해도 상관없습니다. 업무상 실수가 많은 사람이라면, '이중으로 확인하는 습관 들이기', '미리미리 여유 있게 일하기' 등을 답으로 낼 수 있을 것입니다. 연인과 헤어진 사람이라면, '결혼과 연애 사업을 적극적으로 추진하기', '당분간 자기계발에 집중하기' 등의 답을 찾을 수 있겠지요.

지금은 아무 생각도 하고 싶지 않다며 내버려 두고 아무것도 하지 않으면, 결국 해결되는 것도 없습니다. 하지만 나만의 소소한 해결책을 찾아 행동으로 옮기면 마음속의 불안이 점차 수그러들겠죠. '어째서'에 집착하며 제자리에 멈춰 있으면 고민은 점점 커지기 마련입니다. "자, 이제 어떻게 해야 할까?"라며 긍정적으로 생각하는 습관을 키워, 마음을 옥죄는 걱정과 불안의 고리를 끊어내시기 바랍니다.

고민이 있을 땐 소소한 해결책을 찾아 행동으로 옮겨보세요.

어쩔 수 없는 일에
연연하지 않기

괴로운 일이 있을 때 감정을 어떻게 조절해야 하는지 생각해봅시다. 이 문제는 동서고금을 막론하고 오래전부터 인간이 고민해온 것입니다. 그런 만큼 간단히 답을 내릴 순 없겠지만, 불교의 가르침에서 한 가지 힌트를 얻을 수는 있을 것 같습니다.

어느 날, 석가모니에게 한 제자가 물었습니다.

"인생을 평온하게 살려면 어떻게 해야 할까요?"

그러자 석가모니는 세 가지 시간의 축을 언급하며 다음과 같이 답했다고 합니다.

"과거에 '연연'하지 말고, 미래를 '불안'해하지 않으며, 현재에 '집착'하지 마라."

이것은 곧 후회, 불안, 집착에서 벗어나라는 이야기겠죠.

석가모니는 성인成人이니까 그렇게 말할 수 있다고 생각하는 사람도 있을 것입니다. 맞습니다. 하지만 이 가르침을 실천하려 노력하면 어느 정도 효과를 볼 수 있습니다. 실제로 제가 이 가르침을 마음에 새기는 습관을 들이고 나서 꽤 마음이 차분해졌답니다. 제가 하는 방법을 소개하겠습니다.

- 과거의 '후회'에 대해서는 → '그때는 어쩔 수가 없었어.'
- 미래의 '불안'에 대해서는 → '나중 일은 어떻게든 될 거야.'
- 현재의 '집착'에 대해서는 → '잊어버려. 연연하지 말자.'

지난 일을 후회해봤자 과거는 바뀌지 않습니다. 당시는 당시의 여러 사정이 있었기에 '그때는 어쩔 수가 없었어'라고 생각하는 것이 현명한 태도지요. 그리고 다가오지도 않은 일에 대해 불안해해도 아무 소용이 없습니다. 미래를 아는 사람은 아무도 없지요. 그저 할 수 있는 선에서 최선을 다했다면 '나중 일은 어떻게든 될 거야'라고 생각하는 편이 낫습니다.

마지막으로, '갖고 싶다', '이루고 싶다'처럼 집착하는 마음은 삶의 원동력이 되어주기도 합니다. 하지만 내 힘으로 어찌할 수 없는 일에 집착해봤자 시간만 낭비할 뿐입니다. 그러니 그저 '바카본의 아빠バカボンのパパ(일본의 인기 만화에 등장하는 주인공으로, 바보 같은 말투가 특징이다─옮긴이)'처럼 "잊어버려! 연연하지 마"라고 스스로에게 말해주세요.

'내 힘으로 어쩔 수 없는 일'은 놓아주고, '노력하면 가능한 일'에 집중하세요.

어른이 울 수도 있지

어른도 가끔은 울고 싶을 때가 있는 법입니다. 그러나 사람들은 보통 다 큰 어른이 어떻게 우냐며 항상 밝고 씩씩하게 삶을 헤쳐나가야 한다고 생각합니다. 감정을 솔직하게 표출하면 스스로 무너져버릴 것 같아서 슬픔과 괴로움, 아픔이 없는 것처럼 자신을 꾸미려 하는지도 모르겠습니다. '슬프지만 참아야지', '억울하지만 참을 거야', '힘들지만 참아야겠지'라고 생각하면서 말이죠.

하지만 울면 안 된다고 계속 감정을 억제하다 보면, 미처 다 해소되지 않은 감정의 응어리가 어딘가에 숨어 있다가 뜻하지 않게 분출되곤 합니다.

일하면서 부모님을 부양하는 제 지인은 언제나 얼굴에

미소를 잃지 않으려고 노력하다가, 어느 날 아버지가 그릇을 떨어트린 순간 참지 못하고 울면서 분노를 터트렸다고 합니다. 미소 뒤에 힘든 마음이 가려져 있었던 것이죠.

눈물을 흘리는 것은 어깨에 무거운 짐을 지고 살아온 나의 고통을 밖으로 분출하는 일입니다. 화장실에서, 목욕탕에서 혼자 있을 때도 좋고, 의지할 수 있는 가족과 친구와 함께 있을 때도 좋습니다. 눈물샘을 자극하는 영화나 드라마의 힘을 빌리는 방법도 좋겠죠.

잘 견뎠다고 자신을 위로하며 속이 후련해질 때까지 울어보세요. 그리고 다시 평소대로 돌아오는 거예요. 아직 슬픔이 다 가시진 않았겠지만, 남은 슬픔을 마음 한구석에 넣어두고 다시 바쁘게 살다 보면 점점 괜찮아질 것입니다.

인간은 웃을 때보다 울 때 더 마음이 안정되고, 행복 호르몬인 세로토닌 분비도 더 활발해진다고 합니다. 눈물이 마음을 정화해주는 작용을 하는 것이죠. '감정 표출'과 '감정 억제'의 균형을 맞춰 일상생활에서 자연스럽게 미소 지을 수 있는 여러분이 되었으면 좋겠습니다.

눈물은 우리의 몸과 마음을 회복시키는 힘을 가지고 있습니다.

잠자리에 들 땐
좋은 것만 생각하기

혹시 오늘 하루를 지내는 동안 기분 좋지 않은 일이 있었나요? 그렇더라도 밤에 잠자리에 들 때는 이 주문을 외우며 부정적인 감정을 훌훌 털어봅시다.

"오늘 하루도 감사합니다."

잠을 자는 행위를 가볍게 생각하는 사람이 있을지도 모릅니다. 하지만 수면은 무척 중요한 일입니다.

인간의 몸은 약 37조 개의 세포로 구성되어 있으며, 우리의 뼈, 피부, 혈액, 내장을 구성하는 세포는 모두 매일 조금씩 새롭게 태어납니다. 그리고 오래된 세포가 새로운 세포로 재생되는 순간은 우리가 숙면에 들어 있을 때입니다. 자기 전에 안 좋은 일을 머릿속으로 생각하면 편안히

숙면할 수 없습니다. 이로 인한 수면 부족이나 스트레스는 신진대사와 면역력을 떨어트립니다.

잠들기 직전에 하는 생각이 중요한 이유가 비단 건강 때문만은 아닙니다. 자기 전에 하는 생각은 잠을 자는 동안 우리의 무의식 속에 파고들어 끊임없이 이어집니다.

평소에 우리가 하는 행동의 97퍼센트는 무의식의 발로라는 말이 있습니다. 그런데 잠들기 직전에 우리가 하는 생각은 '당신은 이런 사람입니다', '앞으로 이렇게 될 것입니다'라며 자신을 세뇌하는 결과를 가져옵니다.

이것은 반대로 생각하면, 우리가 자신을 긍정적으로 세뇌할 수 있다는 의미가 됩니다. 저는 잠자리에 들 때, 내가 이루고 싶은 모습처럼 아주 행복한 것만 상상합니다. 가끔 저조차 제 마음을 잘 모를 때가 있는데, 이럴 때는 '내가 되고 싶은 모습을 솔직하게 그려보자'라고 생각합니다. 스스로에게 이렇게 말하며 잠자리에 드는 습관을 들인 뒤부터 바라는 목표가 이뤄지는 신기한 경험도 했습니다.

여러분도 속는 셈 치고 한번 시도해보세요. 일주일 정도 반복하다 보면 자연스럽게 생각 자체가 긍정적으로 바뀌고, 행동도 적극적으로 변하는 것을 느끼실 수 있을 테니까요.

잠들기 전 '골든타임'에 하는 생각이 나의 사고와 행동을 결정합니다.

인내심이 한계에 달했을 때
3분만 참기

 감정을 있는 그대로 표출하면 후회로 남곤 하지요. 참지 못하고 화를 내면, 후련한 마음이 드는 건 그 순간뿐입니다. 곧 분위기가 냉랭해지면서 '내가 너무했나?', '말이 좀 심했던 것 같은데'라는 죄책감과 부끄러움이 슬금슬금 밀려옵니다. 감정적인 상태로 내 생각을 전달하면 위로를 받기는커녕, 괜히 긁어 부스럼만 만드는 경우가 많죠.

 앞에서 말했듯이, 감정적인 생각이 들 때는 내 마음속에 사는 말이 흥분해서 날뛰는 상태입니다. 냉정하게 판단할 수 있는 능력을 상실한 상태인 것이죠.

 감정적인 것이 나쁘다는 얘기가 아닙니다. 화를 내고 슬퍼해도 괜찮습니다. 마음이 그런 걸 어쩌겠어요. 다만,

무턱대고 감정적으로 행동하면 결코 좋을 게 없다는 사실을 잊지 않았으면 좋겠습니다.

순간적인 감정은 오래 유지되지 않습니다. 마음속에 사는 말이 폭주하기 시작했다면, 속으로 조용히 열까지 숫자를 세보세요. 그 자리에서 벗어나 심호흡을 하거나 하늘을 바라보거나 산책을 하면, 점점 마음에 안정이 찾아올 것입니다. 그리고 3분만 지나면 '그래, 감정적으로 말하지 않길 잘했어'라는 생각이 들 거예요.

저도 얼마 전 친구의 메일을 보고 짜증이 잔뜩 나서, 그 즉시 분노를 담아 친구를 원망하는 답장을 써서 보내려고 했습니다. 그런데 그 순간에 조금만 참아보자는 생각이 번뜩 들어 일단 멈춘 후, 다음 날 아침에 메일을 다시 읽어보았지요. 그리고 '역시 어제 답장을 안 보내길 잘했어. 하마터면 소중한 친구를 잃을 뻔했네'라는 생각을 하며 안도의 한숨을 내쉬었습니다.

감정이 고조될 때는 아무것도 하지 말고 일단 3분만 멈춰보세요. 나와 내 주변의 소중한 사람들을 지키기 위한 가장 현명한 방법일 테니까요.

감정적으로 행동하면 어렵게 쌓은 신뢰가 무너지고 맙니다.

슬픔의 역설

우리는 기쁨, 즐거움, 행복처럼 긍정적인 감정은 '좋은 감정'이고, 분노, 슬픔, 고통, 외로움처럼 부정적인 감정은 '나쁜 감정'이라고 생각하곤 합니다. 누구나 가능하면 '좋은 감정'만 느끼며 살고 싶어 하지요.

하지만 분노나 슬픔의 감정도 기쁨이나 즐거움과 마찬가지로 소중한 감정입니다. 감정은 항상 우리가 살아가는 데 필요한 메시지를 보내주지요.

부정적인 감정 중에 특히 슬픔은 우리 마음을 갈기갈기 찢어 놓고, 심지어 잘 사라지지도 않습니다. 가족이나 그 외 소중한 사람과의 이별, 사고나 재해, 반려동물의 죽음, 해고, 배신, 큰돈을 잃은 경험 등 생각할 때마다 눈물이 나는 슬픈 일도 있겠죠. 이런 일이 닥쳐왔을 때는 있는 힘껏 슬퍼하고 조용히 "감사합니다"라고 말해보세요.

슬픔의 감정은 소중한 무언가를 잃었을 때 느끼게 됩니다. 슬픔을 느낀다는 것은 과거에 우리에게 세상에 둘도 없는 소중한 '보물'이 있었다는 뜻입니다. 즉 한때 무언가가 우리에게 기쁨과 즐거움을 주고, 많은 힘이 되어주었음을 슬픔이 깨닫게 해주는 것이지요.

당연하게만 생각했던 일상일수록 이를 잃었을 때 우리는 참기 힘든 슬픔을 느낍니다. 이런 슬픔에 맞서거나 억지로 외면하는 것이 아니라 "감사합니다" 하고 받아들이면, 다시 앞으로 나아갈 힘이 생길 것입니다.

물론 큰 슬픔은 마음 한구석에 여전히 남겠지만, 한쪽에 묻어두고 다시 힘을 내서 살아봅시다. 시간은 반드시 모든 걸 해결해줄 것입니다. 누군가가 혹은 나의 일상이 다시 따뜻하게 나를 위로해줄 테니까요.

지금 눈앞에 있는 당연한 일상이 얼마나 고마운 것인지 깨닫고 감사할 수 있는 것도 모두 슬픔이 있기 때문입니다.

슬픔을 억지로 억누르지 말고, 슬픔과 친구가 되어보세요.

불행에 대처하는 자세

친구가 교통사고를 당해 다리에 골절상을 입었을 때의 일입니다.

걱정이 되어 병원에 가보니, 친구는 의외로 씩씩한 얼굴로 웃으며 저를 맞았습니다.

"이만하길 정말 다행이지 뭐야. 잘못 다쳤으면 지금 살아 있지도 못했을 거야. 그것보다 들어봐. 이번에 입원한 덕분에 엄청난 일이 있었어……."

괜히 걱정했네요. 역시 제 친구였습니다.

통증을 느끼고 다리를 마음대로 움직이지 못해 불편한 상황에서도 "이만하길 다행이야"라고 말하는 친구를 보자 마음이 놓였습니다. 그리고 그렇게 긍정적으로 생각하는 그에게 운이 따른다는 생각이 들었습니다.

이 같은 상황에서는 보통 끔찍한 일을 당했다고 생각하기 마련입니다. 어째서 자신에게 그런 일이 생겼는지 모르겠다며 낙담하거나, 그 길로 가지 말걸 그랬다며 운도 없다며 한탄하기 쉽습니다. 하지만 그럴수록 더 우울해질 뿐입니다. 우울한 감정은 더 좋지 않은 상황을 유발할 수 있지요.

좋은 일이 있을 때는 누구나 긍정적으로 생각할 수 있습니다. 하지만 그 사람이 진짜 긍정의 힘을 가졌는지는 불행이 찾아왔을 때에야 비로소 알 수 있지요. 어려움이 닥쳐야 진가를 알아볼 수 있는 것입니다. "이만하길 다행이야"라고 말할 수 있는 사람은 금방 기분을 전환해 차근차근 앞으로 나아갈 수 있습니다.

제 주변에는 이 외에도 이런 훌륭한 마인드를 가진 친구들이 또 있습니다.

어떤 친구는 여행지에서 지갑을 소매치기를 당했을 때, "이만하길 천만다행이야. 생명을 위협당한 것은 아니니까"라고 말했지요. 다른 친구는 비행기가 오랫동안 연착되자 "연착이라 그나마 다행이다. 결항이 아닌 게 어디야" 하고 스스로 위로했습니다. 또 다른 친구는 주식으로 큰 손실을 보고 나서 "이 정도로 끝나서 다행이다. 앞으로는 신중하게 투자해야지"라고 마음을 다잡았지요. 이들은 낙천적이라기보다 좌절 속에서도 행운을 발견하는 능력이 탁월한 사람들입니다.

세상일에 의미를 부여하는 것은 나 자신에게 달려 있습니다. 이 사실을 깨달으면 어떤 불행이 닥쳐와도 의연하게 대처할 수 있지 않을까요?

'행운'과 '불행'을 정하는 건 바로 나 자신입니다.

말투 하나 바꿨을 뿐인데

감정 표현에 솔직하면 시원하고 뒤끝이 없는 성격이라는 말을 듣기도 하지만, 분노나 질투처럼 부정적인 감정을 참지 못하고 그대로 표현하는 것은 어른스럽지 못한 태도입니다.

감정은 거칠고 날카로운 말을 내뱉을수록 더욱 격해지는 특징이 있습니다. 말투가 거친 사람은 사람들과 자주 갈등이나 불화를 일으키기 때문에 주변에 사람이 남아나질 않지요.

반면, 항상 상대를 배려한 따뜻한 말투를 사용하는 사람도 있습니다. 이들은 그런 말투가 온화한 감정을 만들고, 나아가 인간관계를 원활하게 만들어준다는 사실을 무의식중에 깨달은 것입니다. 예를 들어, 상점 종업원의 응대가 불친절하더라도 내가 먼저 상냥하게 대하면 그의 말투가 점차 누그러지고, 마지막에는 서로 웃으며 대화를 마무리할 수도 있지요.

내 감정을 지금 당장 바꾸기는 어렵지만, 말투를 바꾸는 것은 쉽습니다. 평소에 친절하고 따뜻하게 말하는 습관을 들이면 기분 좋은 하루를 보낼 수 있습니다. 이는 '분노 조절anger management'에도 큰 효과가 있는 방법입니다.

친절하고 따뜻한 말투를 가진 사람은 언제 어디서나 인기가 많은데, 이는 그 사람에게서 안정감이 느껴지기 때문이지요.

그럼 여기서 친절하고 따뜻하게 말하는 세 가지 방법을 알아봅시다.

첫째, 천천히 정중하게 말한다. 특히 말끝을 흐리지 않도록 한다.

둘째, 목소리의 톤과 음량을 지나치게 높이지 않는다.

셋째, '절대', '항상', '반드시'처럼 단정하는 말을 쓰지 않는다.

특히 세 번째 사항에 대해 덧붙이자면, "그건 절대 하지 마"라는 말 대신 "그렇게 하지 않는 게 좋을 것 같아"라고 살짝 바꿔 표현하기를 권합니다. 이렇게만 해도 훨씬 부드러운 인상을 줄 수 있습니다. 고상하고 분위기 있는 배우

나 주변 사람을 흉내 내는 것도 이 습관을 만드는 데 도움
이 되는 방법이니, 적당한 롤모델을 찾아 연습하는 것을
추천합니다.

상냥하게 말하면 내 주변에 상냥한 사람이 점점
늘어납니다.

행복하게 해주고 싶은
사람이 있나요?

다른 사람을 위해 어떤 행동을 하거나 내 시간을 들여 누군가에게 도움을 준 적이 있나요? 이럴 때 상대방이 전혀 고마워하지 않거나 오히려 이를 이용하려고 하면 어떨까요? 비록 내가 좋아서 한 일이지만 왠지 허무한 느낌이 들겠죠. 그리고 '고맙다고 한마디라도 해주면 좋을 텐데'라는 생각이 드는 게 인지상정일 것입니다.

신이라도 돼서 대가 없는 사랑을 줄 수 있으면 좋겠지만, 인간은 상대방의 보답을 기대하는 존재기 때문에 화가 나고 우울해지는 것이죠.

이런 분노나 우울을 느끼지 않으려면 내가 무언가를 도와주었다고 생색을 낼 일을 애초에 하지 않는 것이 방법입니다. 내가 정말 하고 싶은 일이어서 감사나 보답을 받지 않아도 괜찮은 정도, 즉 '자기만족'으로 끝낼 수 있는 범위에서 도움을 주는 것이죠.

행복하게 해줄 만한 가치가 있는 사람을 찾는 것도 또 다른 방법이 될 수 있습니다. 사람은 누군가에게 도움이 되거나 누군가를 기쁘게 했을 때, 행복해하는 상대의 모습을 보고 자신도 행복을 느끼는 경향이 있기 때문입니다.

누구나 똑같은 감정으로 대한다는 것은 감정을 가진 인간에게는 불가능한 일입니다. 인간은 자신이 행복하게 해주고 싶은 사람을 행복하게 해주는 정도만 할 수 있을 뿐이지요. 하지만 이걸로 충분하지 않을까요?

나의 도움에 진심으로 기뻐하는 사람을 행복하게 해줄 때 우리는 보람을 느낍니다. 가족이나 연인, 친구처럼 내가 애정과 호의를 가진 사람을 행복하게 해줄 때도 만족감을 느끼죠. 곤란한 상황에 처한 낯선 사람을 도왔을 때 역시 우리는 뿌듯함을 느끼곤 합니다. 이 범위 안에 있는 일을 하는 것만으로 우리의 역할은 충분하며, 거기까지가 우리 같은 보통 사람에게 가능한 일이 아닐까 합니다.

그리고 이렇게 사람들을 행복하게 해주는 과정에서, 결국 우리는 자신도 행복하게 해줄 만한 가치가 있는 사람이 되어야 한다는 사실을 깨닫게 되겠죠. 저는 여러분이 상대의 마음에 감사하고, 기쁨을 표현하고, 은혜를 잊지 않는 사람이면 좋겠습니다.

누군가가 행복해하는 모습을 보는 것이 인간의
본질적인 행복입니다.

혼자 있는 시간의 힘

사람은 혼자만의 시간을 갖지 않으면 깊은 사고를 할수 없게 됩니다. 누군가와 함께 있는 이상 주변의 영향을받는 일은 피할 수 없습니다. 사랑하는 가족이나, 마음을터놓는 친구나 동료와 함께 있는 경우라 해도 말이지요.

혼자만의 시간은 나를 해방하고 본연의 내 모습을 찾는 시간입니다. 항상 누군가와 함께해서 혼자만의 시간이없는 사람일수록 하루에 한 번, 10~15분 정도 나만의 시간을 가져보세요. 그렇지 않으면 본연의 나와 현실의 나 사이에 괴리가 생겨 무의식중에 분노가 쌓이게 됩니다.

혼자만의 시간 갖기에 특별한 규칙은 없습니다. 누구의 눈치를 볼 필요도 없으며, 그저 자신이 좋아하는 생각을 하고, 좋아하는 일을 하면 충분합니다. 도저히 이런 시간을 따로 만들기 힘든 사람은 욕조에 들어갈 때, 출퇴근할 때, 산책이나 운동을 할 때를 활용해도 좋습니다.

무슨 일을 할 때든 혼자 있을 때 두뇌 회전이 빨라지고, 혼자 있어야 자연스럽게 조용히 나를 돌아보는 시간을 갖게 됩니다. 오늘 있었던 일을 떠올리며 반성하거나, 내일 해야 할 일을 머릿속에 그려보기도 하고, 잠깐 누군가의 안부를 생각하기도 하면서 말이죠. 머릿속을 정리하면서 스스로 만족스럽고 행복한 길을 찾는 것입니다.

저는 종종 나 자신에게 솔직해지는 시간을 가지며 스스로에게 질문을 합니다. "새로운 프로젝트에 참여할까, 말까?", "그 사람과 만나야 할까, 그러지 말아야 할까?" 이런 질문에 항상 바로 답을 낼 수 있는 것은 아니지만, 어느 순간 스스로 납득할 수 있는 답이 불현듯 떠오를 때도 있습니다.

우리는 자신에 대해 잘 안다고 하면서도 사실은 제일 모르고 있는지도 모릅니다. 혼자만의 시간을 통해 '진짜 나'를 찾게 되면, 다른 사람과 함께 보내는 시간도 더욱더 소중해지지 않을까요?

'혼자만의 시간'으로 번뜩이는 아이디어와 깨달음을 얻을 수 있습니다.

사람만이 웃을 수 있기에

"오직 사람만이 웃을 수 있는 이유는, 사람만이 너무나 깊이 고통받아서 웃음이라는 것을 만들어야 했기 때문일 것이다."

니체가 한 말이지요. 괴롭거나 화가 날 때, 우울할 때나 불안하고 초조할 때, 재미있는 무언가를 발견하고 웃으면 정말 기분이 한결 나아집니다.

회사에서 모두 딱딱하게 경직되어 있을 때, 가볍게 웃을 수 있는 유머 한마디로 분위기를 부드럽게 바꿀 수도 있겠죠. 가족과 갈등이 생겼을 때도 엉뚱한 개그로 웃음을 유발한다면 티격태격했던 일은 금세 잊어버릴 것입니다.

화가 날 때, 성가신 일이 생겼을 때, 싫은 소리를 들었을 때, 기분이 우울할 때도 웃음으로 승화하려고 노력해 보세요. 그러다 보면 마치 재밌는 영화 한 편을 본 듯한 느낌을 받을 수 있을 것입니다. 우리에게 일어나는 대부분의 일은 그저 웃으며 털어낼 수 있는 경우가 많거든요.

유머 감각이 있으면 객관적이고 넓은 관점으로 현상을 바라볼 수 있게 됩니다. 굳이 폭소를 터트릴 정도가 아니라도 "풋!" 하고 살짝 웃음 지을 수 있으면 충분합니다. 가끔은 과장된 반응을 보이거나, 익살맞게 말투를 바꿔보는 것도 좋겠죠.

괴로운 상황이나 불편한 사람을 "마치 OOO 같군", "OO과 닮았어"라며 다른 것에 빗대어보세요. 말도 안 되는 소리를 들었을 때, 마음속으로 '만담'을 하며 말대꾸를 해보세요. 실패하거나 실연을 당했을 때는 '만약 그랬으면 어땠을까?' 하며 가상의 이야기를 상상할 수도 있지요. 그저 거리낄 것 없이 자유롭고 가볍게 재미있는 생각을 해보세요.

혼자 있을 때도, 다른 사람과 있을 때도 유머 감각이 인생을 씩씩하게 살아갈 수 있게 하는 비결이 아닐까 합니다.

웃음은 인생을 씩씩하고 활기차게 살아가게 하는 에너지원입니다.

Chapter 5

목표를 정하고 계획을 세우는
현명한 사람의 습관

10년 후 나는
어떤 사람일까?

　　사람들이 앞으로 어떤 인생을 살 것인지는 재능이나 부, 기회와 같은 요소보다 그들이 자신의 미래를 그리는 습관의 차이로 결정됩니다. 예를 들어, 작가가 되고 싶어 하는 경우 '꼭 내 소설로 상을 타고 말겠어'라며 수상자가 된 자신의 모습을 떠올리는 사람과 '일단 한 권이라도 좋으니, 내가 쓴 소설이 책으로 나오면 좋겠다'라고 생각하는 사람은 글쓰기에 임하는 자세가 다를 수밖에 없겠지요. 이에 따라 자연히 소설의 질도 달라질 것입니다.

　　부자가 되고 싶다는 꿈을 꾸는 사람은 매일 사업 구상을 하며 움직일 것이며, 전원생활을 하고 싶다는 꿈을 품고 사는 사람은 옷과 생활양식을 그에 맞추어갈 것입니다. 이렇게 하다 보면 머릿속에 그리던 꿈이 자연스럽게 현실로 이루어지지요.

만약 상상한 일이 이루어지지 않는다면 마음에 뭔가 걸리는 부분이 있기 때문입니다. '내 가게를 가지고 싶어. 하지만 돈이 없네' 등 불가능할 것이라는 생각이 발목을 잡은 상황이지요. 이는 액셀을 밟으면서 동시에 브레이크를 밟고 있는 것과 같습니다.

꿈과 목표를 현실로 이루는 사람은 할 수 있는 일을 하다 보면 꿈도 자연히 이루어질 것이라고 믿습니다. 즉, 액셀을 열심히 밟으며 브레이크에서 발을 떼고 있기 때문에 힘을 빼도 저절로 앞으로 갈 수 있는 것입니다.

인생을 10년 단위로 보면, 생각보다 꽤 먼 곳까지 계획을 세워볼 수 있습니다. 일단 지금 당장 '이랬으면 좋겠다'라고 생각하는 10년 후 나의 모습을 영화의 한 장면처럼 상상해보세요. 그리고 하루에 몇 번이고 머릿속에 그려보세요. 떠오른 이미지가 생생할수록 이 목표를 이루려는 나의 현실에도 큰 변화가 찾아옵니다.

상상하는 힘은 '미래의 나'를 만들고, 나아가 나의 '인생'이 됩니다.

어른은 실현 불가능한 일은 상상하지 않기 때문에 자신을 믿는 사람이 승자입니다.

쉬운 일부터 시작하면 되지

목표는 정했는데 좀처럼 시작하지 못할 때 "난 역시 안돼. 의지가 너무 약해"라며 포기하지 않으시나요?

이런 행동을 무조건 의지의 문제로 치부하는 것은 조금 위험한 생각이 아닐까 싶네요. 앞서 말했듯, 우리는 이루기 힘들 것 같은 일 앞에서 의욕이 떨어지곤 합니다.

뭐든 잘 풀리는 사람, 목표한 일을 끝까지 완수하는 사람은 무의식적으로든 의식적으로든 일단 쉬운 일부터 시작합니다. 무리하게 기합을 잔뜩 넣은 방법이 아니라 간단히 힘을 내도 되는 방법을 실천하는 것이죠.

어떤 일을 할 때 좀처럼 시작이 힘든 사람은 자신에게 이렇게 말해보세요.

"아주 조금만 해볼까?"

이제 간단히 할 수 있는 일을 5분만 해보는 거예요. 자격증시험 문제집을 한 장만 풀어도 좋고 메일을 보내도 좋고, 다른 뭐라도 좋습니다. 5분만 하고 그만두어도 상관없지만, 일단 시작하고 나면 대부분의 경우 '조금만 더 해볼까?' 하는 생각이 들기 마련입니다. 성취감은 아무리 소소한 것이라도 우리를 굉장히 기분 좋게 하는 경험이기 때문이지요.

설거지만 하려고 무거운 몸을 일으켰다가 기분이 내켜 그릇 선반까지 싹 정리했던 경험을 해본 사람이 꽤 많을 것입니다. 뭐든 가벼운 마음으로 막상 시작해보면, "별로 대단한 일도 아니네"라며 점점 더 큰일에도 마음이 동하게 되죠.

최소한의 의지로 최대한의 효과를 내고 싶다면 첫걸음으로 지금 당장 할 수 있는 간단한 일부터 시작해보세요.

자, 그럼 가벼운 마음으로 자신감과 의욕을 끌어올려볼까요?

한 걸음 내디뎠다면 반은 성공입니다.

지나친 완벽주의에서 벗어나기

인간은 누구나 '적당함'과 '완벽함'이라는 두 가지 면을 가지고 있습니다. 그런데 지나치게 완벽함을 추구하는 사람일수록 삶이 괴로워질 수 있다는 사실 아시나요?

저도 예전에 완벽주의 성향이 강했어서 누구보다 잘 압니다. 예를 들어, 오늘 하려던 일을 80퍼센트밖에 끝내지 못했을 때, 왜 다 못했는지 스스로에게 물으며 엄격한 상사처럼 자책하곤 했습니다. 매일 실천하는 습관을 며칠 건너뛰었을 때는 역시 난 틀렸다며 중간에 의욕을 잃고 포기해버리기도 했죠.

이러한 완벽주의 성향은 '100점을 받아야 의미가 있다', '열심히 하면 다 할 수 있다'라는 생각이 강한 사람에게서 많이 보입니다. 집착이 강한 성격이 능력을 발휘하거나 성장을 독려하는 데 쓰이면 좋지만, 항상 완벽해야 한다는 강박관념은 우리를 쉽게 지치게 만들지요. 집안일과 육아뿐 아니라 원래는 즐겁게 할 일조차 이런 성향 때문에 괴로워하며 마지못해 하는 사람도 많습니다.

저는 지나치게 완벽함을 추구하다 병에 걸린 적도 있는데, 그 이후로는 완벽하지 않아도 괜찮다고 스스로를 다독여주기로 했습니다. "60~80퍼센트 했으면 거의 다 한 거야", "0점만 아니면 괜찮아"라고 말이죠.

대부분의 일은 사실 어떻게든 완성됩니다. 일은 잘 풀릴 때도 있고 그렇지 않을 때도 있다는 생각을 가지고 있으면, 실패해도 다시 앞으로 나아갈 수 있습니다.

어떤 일을 할 때 내 얼굴이 미소를 띠고 있는지 아니면 인상을 쓰고 있는지 살펴보세요. 이것은 자신이 지나치게 완벽함을 추구하고 있지는 않은지 확인하는 훌륭한 잣대입니다. 애초에 만점의 기준을 정하는 것은 바로 자신입니다. 여기에 '완수했다', '완수하지 못했다'라는 평가를 더해 일희일비하는 건 어리석은 일이겠죠?

완벽하지 않아도 된다는 마음은 일의 시작을 쉽게 만들고 일을 오래 할 수 있게 합니다.

계획 없이 떠나는
인생 여행

저는 여행할 때 목적지를 대강 정하고, 일단 가서 발길 닿는 대로 즐깁니다. 하루 스케줄을 빡빡하게 정해서 마치 업무를 보듯이 해치우는 여행 스타일은 저와 잘 맞지 않더 군요. 그것보다 걷다가 예쁜 가게를 발견하면 들어가 보고, 거기서 우연히 만난 사람과 이야기를 나누는 편이 훨씬 재미있습니다. 그에게서 좋은 곳을 추천받고 함께 가보느라 여행 스케줄을 변경해야 해도 상관없지요.

제 생각에는 인생도 여행과 비슷해서 너무 많은 계획을 세우기보다 흘러가는 대로 자연스러운 흐름에 맡기는 편이 행복을 느끼기 더 쉬운 것 같습니다. 원래 인생이란 뜻대로 되지 않을 때가 많기 때문이죠.

'흘러가는 대로'라고 해서 무책임하게 방관하라는 것이 아닙니다. 눈앞에 다가온 파도의 흐름에 자신의 의지로 살짝 올라타라는 의미지요. 힘을 잔뜩 주고 아등바등하기 보다 흐름에 몸을 맡기면, 그 움직임이 좀 더 수월하게 원하는 곳으로 우리를 데려다주기도 합니다.

인생에는 생각지 못한 파도가 밀려올 때도 있습니다. 원치 않던 부서로 인사발령이 나거나, 승진하여 책임이 막중한 어려운 자리에 앉거나, 뜻밖의 해고를 당하는 등 거친 파도를 만나는 일도 있겠지요.

하지만 이런 일도 있다고 받아들이며 그때그때 할 수 있는 일을 하면, 자신도 모르던 능력이 꽃피거나 기대하지 않았던 기회가 찾아오기도 합니다. 멀리 돌아왔지만 오히려 잘됐다고 생각하게 되는 경우도 참 많죠.

저도 '기자가 아니면 안 돼'라는 생각에 사로잡혀 있을 때는 매사가 잘 풀리지 않았습니다. 그러다 우연히 여행지에서 출판사 사장님을 만난 덕분에 10년 넘게 책을 쓰고 있지요. 이런 걸 보면 인생이란 참 살아볼수록 재미있는 것 같습니다. 나 하나의 힘은 미미하지만, 인생의 파도에 몸을 맡기면 우연의 힘이 내 편이 되어줄 것입니다.

'이런 일도 있지'라며 마음의 여유를 갖고 다가 오는 우연을 맞아봅시다.

To do list 만들기

일 처리가 빠르고 마무리를 깔끔하게 잘하는 사람과, 반대로 일 처리가 느리고 마무리가 아쉬운 사람은 대개 두 가지에서 차이를 보입니다. 첫째, 해야 할 일의 정확한 파악, 둘째, 제대로 된 우선순위 선정.

일을 잘 마무리하지 못하는 사람은 결단을 내리는 데 오랜 시간이 걸립니다. 아침부터 오늘은 무슨 일을 해야 하는지 생각하느라 시간을 다 보내지요. 메일을 확인하거나 서류를 보는 등 우선순위가 낮은 일을 먼저 하고, 중요한 일을 언제까지고 끝내지 못합니다.

이렇게 되지 않으려면 퇴근하기 전에 내일을 위해 '할 일 리스트to do list'를 작성해서 책상 앞에 붙여두는 습관을 들이는 것이 좋습니다. 그러면 업무 흐름이나 업무 분장을 되짚어보게 되어, 무엇을 해야 할지 바로 파악할 수 있지요. 아침에 바로 업무를 시작하는 것과 준비하는 데 한 시간 넘게 걸리는 것은 차이가 크겠죠.

제가 생산성을 높이기 위해 이런저런 시도를 해본 후 정착한 것이 '아이비리 방법 Ivy Lee method'이라는 업무관리 기술입니다. 여기서 간단하게 소개하도록 하지요.

1. 내일 해야 할 일을 적는다(여섯 가지 이하로).

2. 작성한 각 항목에 우선순위를 정해 번호를 매긴다.

3. 다음 날, 그 순서에 맞춰 업무를 진행한다(한 가지 일이 끝날 때까지 그 일에 집중한다).

4. 리스트에 쓴 항목을 다 완수하지 못했더라도 깔끔하게 포기한다.

5. 일이 끝날 때 다시 내일 해야 할 일을 적는다.

6. 1~5를 반복한다.

이것은 덤벙대는 사람이라도 쉽게 따라 할 수 있고, 해야 할 일 리스트와 스케줄을 관리하기에 편리한 방법입니다. 또 간단하여 스트레스가 적고 습관으로 만들기 쉬우니, 여러분도 한번 시도해보셨으면 좋겠습니다.

규칙을 정하면 결단하는 데 드는 에너지를 생산적인 일에 쓸 수 있습니다.

왜 이 일을 하는가

일을 할 때 현명한 사람과 그렇지 못한 사람을 구분 짓는 결정적인 차이는 '왜 이 일을 하는가?'라는 목적의식이 있느냐 없느냐입니다.

예를 들어, 상점에서 일하는 점원이 상품 진열 업무를 맡게 되었다고 해봅시다.

아무 생각이 없는 사람은 상품을 그저 깔끔하게만 정리합니다. 하지만 그러는 와중에 일일이 진열 상품의 개수를 세거나 고객이 상품을 집는 것을 방해하는 등 비효율적으로 행동하지요. 반면, 현명한 사람은 '상품 진열은 손님이 보기 쉽도록 하고, 상품 구매를 촉진하기 위해 하는 것'이라는 목적을 명확히 파악합니다. 그리고 이를 위해 어떻게 해야 하는지 그 수단을 생각합니다. 그리고 상품을 고객의 손이 잘 닿는 곳에 진열해두고, 가장 잘 팔리는 상품을 맨 앞에 배치합니다. 또 고객이 오면 바로 응대할 수 있도록 본인의 자리에서 준비합니다.

이렇게 목적을 알고 있는지 아닌지에 따라 전혀 다른 행동을 하게 되는 것이죠.

회의할 때, 자료를 작성할 때, 행사를 진행할 때, 물건을 살 때도 일단 목적을 생각하면 무엇이 필요하고, 무엇이 필요 없는지 파악하여 행동할 수 있습니다. 쓸데없는 일에 힘을 빼앗기지 않고 쉽게 목적을 달성할 수 있게 되는 것입니다.

목적의식이 없는 사람은 "하라고 했으니까", "다들 그렇게 하니까", "원래부터 그렇게 했으니까", "그냥 대충"과 같은 말을 합니다. 마치 사고가 정지된 사람처럼 수동적으로 행동하지요.

이에 비해 습관처럼 목적의식을 생각하는 사람은 인생을 살아갈 때에도 막연하게나마 "이렇게 살고 싶다"라는 인생의 목적을 의식하며 살아갑니다. 그리고 업무처리 방식, 라이프스타일, 시간 활용, 인간관계 등을 자신의 목적에 맞게 선택하지요.

목적의식이 없는 사람은 타인에게 자기 인생의 주도권

을 넘겨준 것이나 마찬가지라 할 수 있습니다. 즉 목적의
식이 있다는 것은 주체적으로 인생을 살아간다는 의미입
니다.

'목적'을 의식하면 '수단'은 무한하다는 것을 깨
달을 것입니다.

일이 되게 만드는
사전협상의 힘

'사전협상'이라고 하면 뒤에서 수작을 부리거나 아부를 떠는 부정적인 이미지를 떠올리는 사람도 있을 것입니다. 하지만 일을 잘하는 사람일수록 사전협상을 준비의 일환이라고 생각하고 이에 공을 들입니다. 회의에서 좋은 안건을 발의했는데 묵살당한다거나, 새로운 일을 하려고 하면 핀잔을 듣는 등의 고민을 안고 있는 사람은 사전협상의 힘을 간과했기 때문인지도 모릅니다.

한 남성이 회사 사규에 따라 육아휴직을 신청하려고 한 적이 있습니다. 그는 상사와 동료로부터 "그 안건에 대해 보고받은 적 없다", "꼭 남편이 육아휴직을 해야 하나?"라며 맹렬한 비난을 받았습니다. 결국 휴직 신청은 좌절되었지요. 만약 그가 사전에 동료들에게 사정을 설명하거나, 휴가를 쓰는 중에 업무를 어떻게 할 것인지 의논하는 등 사전협상을 깔끔하게 마쳤다면 주변에서 지지해주었을지도 모릅니다.

사전협상이란 '그 일에 관련된 사람'에게 사전에 동의를 구하는 절차입니다.

사회생활을 하다 보면 사전협상을 게을리해서 냉담하게 안건을 거절당하거나 반대에 부닥치는 일을 종종 볼 수 있을 것입니다. 누구나 자신이 중요한 존재이길 바랍니다. 사전협상은 업무 사전준비의 일부인 동시에, 상대에 대한 배려인 것이죠.

회의에서 어떤 일을 제안하기 전에 상사나 힘 있는 관련자에게 그 안건에 관한 의견을 청하며 상담하는 것도 일종의 사전협상입니다. 이런 경우에는 특히 일대일로 이야기하면 이해를 구하거나 동조를 얻기 쉽습니다. 또 상담 요청을 받은 사람은 당사자의 입장이 되어 함께 고민해주기 마련이므로, 든든한 내 편이 생기고 일도 더 원활하게 추진할 수 있겠죠.

가족이나 그 외 가까운 사람일수록 사전협상은 더 중요합니다. 가까운 만큼 오히려 소홀해지기 쉬워서 "00을 할 계획이야"라고 사전에 한마디를 하지 않아 다툼이 생기거나 협조를 얻지 못하는 경우도 있습니다.

상대방의 생각은 어떨지 상대방의 입장이 되어 헤아려보는 것이 사전협상의 핵심입니다. 그러므로 사전협상을 중요하게 생각하는 사람은 주변 사람을 존중하고, 그들에게 감사할 줄 아는 자세를 지닌 것이죠.

사전협상은 일과 인간관계의 윤활유입니다.

부탁하는 것을
어려워하지 않기

큰 업적을 이룬 사람들은 곧잘 이런 말을 합니다.

"제가 한 일은 별로 없습니다. 모두 주변 사람들 덕분입니다."

반대로, 자신의 능력을 발휘하지 못하거나 일을 끝내지 못하는 사람은 "어째서 나만 일이 많지?"라며 한탄합니다.

저도 원래는 다른 사람에게 신세 지는 것을 어려워하는 성격이어서 그 마음은 이해합니다. 예전에 저는 부탁하면 실례가 될까 봐 어떻게 해서든 나 자신의 힘으로 해결하려고 했습니다. 어느 날, 선배가 이런 이야기를 해주더군요.

"그건 네 능력을 과신하는 거야. 혼자서 3시간 걸려도 못 하는 일을 (다른 사람에게 도와달라고 하면) 30분 만에 끝낼 수도 있어. 네가 좀 더 사람을 믿고 의지하면 좋겠어."

맞는 말입니다. 나 혼자 감당하기 힘든 일인데 주변에 그 일을 할 수 있는 사람이 있으면, 솔직히 부탁을 하고 싶은 마음이 듭니다. 나밖에 할 수 없는 일이라고 생각했던 것도 다른 사람에게 방법을 알려주면, 그가 나보다 훨씬 능숙하고 빠르게 해낼 수도 있지요. 다른 사람에게 도움을 청하면 그만큼 내 시간을 확보할 수 있고, 내가 잘하는 일에 집중하거나 여유롭게 스케줄을 조정할 수 있습니다.

다른 사람에게 부탁하는 것이 서툰 사람은 이런 말부터 시작해보면 어떨까요? "이 일은 oo 씨가 전문이니까 부탁하고 싶은데", "시간 있으면 도와줄 수 있어?"

평소에 커뮤니케이션을 원활히 하고 서로 할 수 있는 일은 기꺼이 도와주어야 점점 신뢰가 쌓이고 팀워크가 형성됩니다. 자기가 하기 어렵거나 할 수 없는 일은 남에게 부탁해보세요. 이런 습관을 들이면 업무를 효율적으로 처리할 수 있고, 각자의 능력을 발휘할 수 있을 뿐만 아니라, 신뢰할 수 있는 인간관계를 구축할 수도 있답니다.

서로 도우면 나만의 시간이 많아집니다.

휴식도 계획 있게

여러분에게 "일과 휴식 중 어느 쪽이 더 중요한가요?"라고 묻는다면, 대부분 일이 중요하다고 대답할 것이라 생각합니다. 생계를 유지하는 수단이니까요. 그렇다면 다음 질문은 어떨까요?

"자신에게 한 달밖에 시간이 없다면 직업상의 일을 할 건가요, 하고 싶은 일을 할 건가요?"

어지간한 워커홀릭이 아니고서야 대부분 하고 싶은 일을 하겠다고 대답할 것입니다.

사실 일을 좋아하는 사람일수록 휴식이 중요합니다. 휴가를 포함해 재충전하는 시간을 가져야 기분이 새로워져서 일의 능률이 올라가는 법이니까요.

설문조사에서 '죽을 때 가장 후회하는 것'으로 종종 꼽히는 항목이 '목숨 걸고 일만 했던 것'과 '하고 싶은 일을 하지 않은 것'이라고 합니다. 이런 사실에서도 휴식은 만족스러운 인생을 살기 위해 꼭 필요한 요소라는 것을 엿볼 수 있지요.

그런데 사람들 대부분은 업무 일정은 빈틈없이 짜 넣으면서도, 휴가는 '여유가 생기면', '돈이 있으면' 등 이런저런 이유를 대며 기약 없는 미래로 넘기곤 합니다. 이것은 아마도 휴식을 실천할 수 있는 사람이 많지 않다는 의미일 것입니다.

하지만 정말 일을 잘하는 사람은 휴식을 매우 중요하게 생각합니다. 일정에 휴식 시간을 먼저 넣고, 피치 못할 사정이 있는 경우가 아니고서야 반드시 실천으로 옮길 정도지요.

지인 중에 정말 바쁜 사람이 있습니다. 그런데 그는 일년에 두 번 장기휴가 계획을 세우고 연초에 비행기 티켓을 예약해둔 뒤, 그 기간에 다른 일정은 잡지 않는 습관을 매년 실천하고 있습니다.

저도 꼭 가고 싶은 휴가 일정은 몇 개월 또는 몇 주 전에 미리 일정에 넣어둡니다. 그러면 그 일정에 맞춰 어떻게 해서든 일을 끝내게 되거든요. 또 휴가를 간다는 가슴 설레는 기대감을 갖는 것만으로 하루하루를 기분 좋게 보낼 수 있는 탁월한 효과도 볼 수 있습니다.

　인생을 후회 없이 살고 싶다면 휴식의 시간을 반드시 확보하시기 바랍니다.

　여가와 휴식을 위한 시간을 미리 정해두면 업무 효율성이 높아집니다.

삶을 심플하게 하는
정리의 힘

물건을 찾는 데 시간을 보내는 것만큼 시간 낭비가 또 있을까요?

서류, 메모지, 펜, 가위, 거울, 명함 지갑과 같은 것들은 필요할 때 없으면 일의 흐름이 끊어집니다. 그뿐 아니라 불안해서 일에 집중하지 못하게 되거나, 엉뚱한 실수를 해서 애써 한 일을 다시 하게 되기도 합니다. 외출할 때에 물건을 찾다가 약속에 늦는 경우도 있지요.

여기서 '정리의 달인'이라 불리는 지인에게 배운 유용한 팁을 소개할까 합니다. 일명 '물건 찾기에 시간을 낭비하지 않기 위한 왕도' 세 가지입니다.

첫째, 물건은 항상 제자리에 두기.

둘째, 사용하면 바로 제자리에 가져다 놓기.

셋째, 자주 사용하는 물건은 꺼내기 쉬운 곳에 두기.

별로 어렵지 않은 일인데도 이를 실천하지 못하는 경우가 많지요. 매일 물건을 찾느라 시간을 보내는 사람은 귀찮다는 이유로 1분도 채 걸리지 않는 '제자리에 두기'를 하지 않고 물건을 아무 곳에나 둘 가능성이 높습니다.

이 세 가지 습관을 실천하는 사람들은 "이 방법이 가장 편리합니다"라고 입을 모아 말합니다. 물건을 규칙에 따라 보관하므로, 깔끔하게 정리된 상태를 유지할 수 있어 찾는 시간이 거의 걸리지 않기 때문입니다. 정리에 대한 자잘한 스트레스를 없애고 업무와 가사에 집중할 수 있게 해주지요.

이 밖에도 장을 보면 바로 냉장고와 찬장에 정리해 넣어둡니다. 우편물이나 영수증은 바로 처리하고, 사용하지 않는 물건을 발견하면 바로 버리는 것이 좋습니다. 그러면 '제자리에 두기'가 저절로 습관으로 정착됩니다.

업무와 집안일을 효율적으로 하고 싶다면 정리정돈은 필수입니다.

정리는 시간 절약을 위한 첫걸음입니다.

전력을 다하지 않는다

어떤 일을 할 때, 전력을 쏟지 말고 조금은 여분의 힘을 남겨두는 것이 그 일을 오래 할 수 있는 비결입니다.

자신의 분야에서 재능을 발휘하는 사람은 그 일에 온 힘을 쏟는 것처럼 보이지만, 사실 20~30퍼센트 정도 여분의 힘을 남겨둡니다. 사람에게는 노력할 수 있는 한계치가 정해져 있습니다.

제가 매일 아침부터 다음 날 새벽까지 일에 빠져 살던 때가 있었습니다. 일하는 시간이 길어지면 아무래도 집중력이 떨어져서 생산성이 낮아지죠. 완전히 지쳐서 집에 돌아오면 아무것도 못 하고 쓰러져 잠자리에 드는 하루하루를 보냈습니다.

이런 생활을 함께하던 많은 동료가 짧으면 몇 개월에서 길면 2~3년 만에 두 손 두 발 다 들고 '번아웃 증후군Burnout syndrome'을 호소하며 회사를 떠났습니다. 저도 건강까지 안 좋아졌는데, 회사에 다니는 몇 년 동안 업무에 파묻혀 살며 다른 소중한 일 대부분을 희생했음을 부정할 수 없습니다.

젊을 때는 적정한 속도와 업무량을 생각하지 못하고 무리하기 쉽습니다. 그러나 이에 대한 대가는 반드시 10년, 20년 후에 건강 악화나 경력단절, 그 시간에 하지 못한 일에 대한 후회 등 다양한 형태로 다시 우리에게 돌아오지요.

산책, 어학 공부와 같은 매일의 습관도 '더 할 여력'이 남아 있을 때, 즉 80퍼센트 정도 힘을 들인 지점에서 멈추는 것이 그 일을 오랫동안 지속할 수 있는 비결입니다. 100퍼센트 전력을 다하면 그 순간은 뿌듯하겠지만, 다음 날 그 일을 할 기력이 남지 않게 됩니다.

수십 년 동안 베스트셀러를 탄생시킨 어느 유명 작가도 매일 같은 분량의 원고를 씁니다. 아무리 컨디션이 좋아도 하루 분량이 끝나면 일을 멈추고 다음 날 다시 한다고 하지요.

모든 일에 전력을 다하기보다는 여분의 힘을 남겨두도록 하세요. 그 힘이 다시 그 일을 할 수 있는 기력과 체력이 되고, 이것이 쌓여 능력이 됩니다.

일, 공부, 취미, 집안일, 육아 등 대부분의 일은 하루 만에 완성되는 것이 아닙니다. 건강한 하루를 보내기 위해서는 약간의 여력을 남겨두는 것이 좋겠죠.

능력이 있어도 기력, 체력이 없으면 아무 소용이 없습니다.

반성은 하지만
후회는 하지 않아

우리는 살면서 가능하면 실패하지 않으려고 합니다. 일할 때 실수를 피하려 하고, 연애와 결혼이 깨지지 않도록 하고, 금전적으로 손해를 보지 않으려 하고, 수치스러운 일도 비난받을 만한 일도 하지 않으려 하지요.

그런데 아무리 철저하게 계획을 세우고 신중하게 산다고 해도, 누구나 실패를 하기도 하고 나락으로 떨어지는 기분을 맛보기도 합니다. 이럴 때 자신을 탓하거나 다른 사람을 탓하며 언제까지고 우울의 늪에서 벗어나지 못하는 사람은, 실패의 충격으로 자신감마저 완전히 상실하고 맙니다.

반면, 금방 다시 일어서는 사람은 일단 가능한 한 빨리 다음 '희망'을 찾아 나아갑니다. 일에서 실수를 하면 "다음에야말로 꼭 잘 해내야지!", 실연을 당하면 "다음에는 더 멋진 사람을 만나서 행복한 연애를 해야지!"라고 다짐하면서 말이죠. 이들은 반성은 하지만 후회 따위 하지 않는다는 마음가짐을 가지고 있습니다.

수백 번 실험에 실패해도 한 번의 성공을 이루면 되는 과학자처럼, 희망이 있다면 실패는 그저 성공으로 가기 위한 과정일 뿐입니다. 훗날 시간이 지나고 돌아보면, 실패는 귀중한 자양분이 되어 있을 테니까요.

실패를 소중하게 생각해야 하는 이유는, 실패란 하고 싶다고 일부러 할 수 있는 것이 아니라는 데 있습니다. 이것이야말로 경험하기 힘든 소중한 체험이라 할 수 있죠. 누구나 괴로운 일을 겪고 싶지 않겠지만, 고통은 성장을 위해 필수 불가결한 요소입니다. 실패가 있기에 의미 있는 배움과 깊은 감동이 있는 법이니까요.

우리 인생을 더욱더 풍요롭게 만들기 위해서라도 실패를 "그럴 수도 있지!"라며 적극적으로 받아들이고 앞으로 나아가볼까요?

실패한 것이 아니라 배우고 있을 뿐입니다.

고민이 될 땐
원점으로 돌아가기

산에서 길을 잃었을 때, 앞만 보고 걸어가면 점점 더 목적지와는 멀어지게 됩니다. 이럴 땐, 다시 원래 있던 자리로 돌아가는 것이 기본입니다.

일과 일상생활에서도 마찬가지지요. '내가 하고 싶은 일이 뭐였더라?', '이대로 괜찮을까?'라는 생각이 들면 원점으로 돌아가세요. 이런 습관이 방황할 때 우리를 도와줄 것입니다. 이런 때에는 아무리 일을 바로잡으려고 해도, 원래 가려던 길에서 점점 멀어지기만 할 뿐이지요.

'원점으로 돌아가기'는 초심 또는 기본으로 돌아가라는 의미입니다.

예를 들어, 어떤 프로젝트를 성공적으로 해내려고 하

는 경우, 예산이나 체계, 주변의 시선을 의식하느라 방향을 수정할 때가 있습니다. 또 취직이나 결혼으로 몇 년을 훌쩍 보내다 보면, 바쁜 일상에 치이고 인간관계에 지쳐 나의 모습을 완전히 잃어버리기도 합니다. 세세한 부분에 집착하느라 전체를 보지 못하는 것이죠.

이럴 때, 먼저 처음에 왜 이 일을 하고 싶었는지, 어떻게 하면 좋겠는지 원점으로 돌아가 생각해보면, 앞으로 가야 할 길과 해야 할 일이 명확해집니다.

원점으로 돌아가는 것은 새로운 일을 시작하는 것 이상으로 중요합니다. 어떤 일을 시작할 때의 마음은 가장 순수하고 소박해서 그 일의 본질을 담고 있습니다. 그런 마음은 가고자 하는 곳까지 갈 수 있는 가장 빠른 루트를 알려주지요. 그러므로 길을 잃고 방황할 때는 원점으로 돌아가 초심과 기본을 되짚어 살피는 시간을 가지는 것이 좋습니다.

이 점만 잊지 않으면, 무슨 일이 있어도 괜찮습니다. 일이 잘 풀리지 않아도 다시 시작할 수 있으니까요. 이 원칙만 지키면 우리는 더디더라도 진정한 행복이 있는 곳으로 갈 수 있을 것입니다.

초심으로 돌아가면 다시 길을 찾을 수 있습니다.

최악의 경우를 생각해두기

어떤 일을 하려고 할 때, 기본적으로 최상의 경우를 생각하는 게 좋습니다. 하지만 만일 일이 잘못되어 최악의 경우가 생겼을 때 어떻게 할 것인지도 일단 생각해두어야 합니다. 여기서 '일단 생각해둔다'는 것은 최악의 경우만 생각하지는 말라는 뜻을 담고 있지요. 그렇게 한다면 보통 부정적인 생각에 사로잡혀 일을 망치게 되기 때문입니다.

예를 들어, 최선을 다해 공들여 프레젠테이션을 하고 청중에게 좋은 반응도 얻었는데, 다 됐다고 생각한 마지막 순간에 갑자기 프로젝트 추진이 무산되는 경우도 있습니다.

만약 '그런 일이 있을 수도 있다'라는 각오를 해두었다면, 진짜 그 일이 일어났을 때 충격을 완화할 수 있을 것입니다. 그런 일이 일어나지 않도록 사전협상이나 준비에 더 전력을 기울일 수도 있겠죠.

이것보다 '일단 최악의 경우를 생각해두기'가 중요한 이유는 최악의 패에 대비함으로써 최선을 다해 도전할 수 있기 때문입니다.

'이런 일이 생겼을 때는 이렇게 하자'라고 대비해두면 두려움을 줄일 수 있죠.

신기하게도 최악의 경우를 진지하게 생각해두지 않으면 '실패하면 어쩌지?', '잘되지 않으면 큰일인데……'와 같은 막연한 불안감에 휩싸여 자신도 모르는 사이에 서서히 실패의 길을 걷게 됩니다.

'일이 잘 풀리지 않을 때는 이렇게 해야지', '힘들어지면 이런 방법도 있어'처럼 자기만의 대비책을 마음에 지니고 있으면 하고 싶은 일에 자신 있게 도전할 수 있게 됩니다.

우리는 때로 궁지에 몰려 절망 끝에 서기도 합니다. 그런 의미에서 최악의 경우를 생각해두는 습관은 인생을 살아가는 데 있어 나를 지켜주는 습관이기도 하답니다.

'최악의 경우'를 생각해두면 세상에 두려울 것이 없습니다.

Chapter 6

시간 활용법을 바꿔서
행복한 시간을 만드는 습관

우선순위는
세 개 이내로

대부분의 현대인은 정신없이 시간에 쫓기며 삽니다. 사회생활을 하다 보면 의무가 하나하나 늘어나 우리를 압박해오곤 하죠. 의무는 안정된 직업 갖기, 가족 돌보기, 인간관계 관리, 학업 계획 세우기, 운동하기 등 수없이 많습니다. 그래서 우리는 많은 정보를 수집해 매일 빡빡한 일정을 소화해야 '보람찬 하루'를 보냈다고 생각하는지도 모르겠습니다.

하지만 이제 무조건 많은 것을 해내야 한다는 가치관에 입각한 시간 활용 방식에서 벗어나는 게 어떨까요? 어느 것 하나 포기하지 못하는 습관은 언뜻 생활에 활력이 넘치는 것처럼 보이게 하지만, 사실 우리가 어떤 것도 제대로 끝내지 못하게 합니다. 도리어 마음속에 불만이 쌓이고 지치게 만들지요. 무엇보다 이런 습관은 정말 소중한 것이 무엇인지 알지 못하게 우리의 눈을 가립니다.

일단 자신에게 소중한 우선순위를 세 가지 이내로 추리고, 나머지는 뒤로 미뤄보세요. 이것이야말로 행복으로 가는 지름길입니다. 꼭 해야 하는 일이라 생각했던 것 대부분은 사실 하지 않아도 괜찮은 일일 수도 있습니다.

해야 할 일을 줄여서 몇 가지 일에 집중하면, 나에게 정말 소중한 것이 무엇인지 가늠할 수 있는 기준이 생깁니다. 자연히 일을 하는 보람과 만족도 더 크게 느끼게 되지요.

해야 할 일의 순위에서 밀린 것들을 영원히 하지 말라는 얘기가 아닙니다. 지금은 순위가 높은 세 가지에 집중하라는 것이죠. 현재로서는 여가 생활이 가장 중요하다고 생각하는 사람도 있고, 꿈을 위한 삶 혹은 가족이 중요하다는 사람도 있을 것입니다.

어떤 경우든 자신에게 중요한 것이 무엇인지 명확하게 알고 있는 사람은 여유가 넘치고 매력적입니다. 우선순위를 정하는 습관을 들이면 인생의 시간을 좀 더 소중히 보낼 수 있지 않을까요?

인생에서 가장 중요한 기술은 소중한 일을 추려 내는 힘입니다.

'해야 하는 일'을
'하고 싶은 일'로 바꿔보기

　해야 할 일이나 하기 싫은 일 등 마음이 내키지 않는 일을 할 땐 정말 힘이 나지 않죠. 그 일을 하는 시간이 영원처럼 길게 느껴지기도 하고요.

　업무나 집안일, 인간관계 관리, 공부 등과 같이 하기 싫은 일이 있으면 당연히 기분도 내키지 않고 마음도 심란합니다. 억지로 하려 하면 더욱 잘 풀리지 않아서 점점 지치고 악순환이 반복되죠.

　저도 하기 싫은 일, 마음이 내키지 않는 일이 있습니다. 대부분은 안 해도 그만이라며 넘어가지만, 청구서 쓰기, 우체국 가기, 청소기 돌리기처럼 소소하지만 넘어갈 수 없는 일이 있지요. 더구나 이런 일들은 계속 생기기 마련입니다.

저는 마음이 내키지 않을 때일수록 그 일에 공을 들여봅니다. 예를 들어, 서류를 작성할 땐 오랜만에 깔끔하게 만들어보겠다는 마음으로 일에 착수하는 거예요. 그렇게 조금씩 하다 보면 어느새 집중하고 있는 저를 발견합니다. 나중에 깔끔하게 완성된 서류를 보고 작은 만족감을 느끼기도 하지요.

구체적인 예상 소요 시간을 상정하고 타임라인을 정해 게임을 하듯이 해치우기도 하기도 합니다. 우체국에 가야 할 때는 근처의 맛있는 빵집에 들를 생각을 하고, 청소기를 돌릴 때는 나중에 상쾌한 기분을 만끽할 생각을 하며 자잘한 즐거움과 기쁨을 찾습니다.

하기 싫은 감정에 집중하면 언제까지고 그 일은 싫고 괴로운 일로 남게 됩니다. 기쁘고, 즐겁고, 재미있다는 쾌감을 어디서든 조금이라도 찾아서 적극적으로 해보면, 하기 싫었던 일이 어느새 하고 싶은 일이 되어 있을 것입니다.

자신에게 긍정적인 자극을 주며 적극적으로 일에 임하는 습관은 행복한 시간을 만드는 습관이기도 하답니다.

어떤 일이든 공을 들이면 즐거움과 재미를 찾을 수 있습니다.

한정된 시간을
어떻게 활용할 것인가

저는 "시간이 없다"라는 말은 되도록 하지 않습니다. 이는 곧 내 시간 관리 능력이 형편없다고 광고하는 꼴이 되니까요. 물론 정말 시간적으로 여유가 없을 때도 있습니다. 그럴 땐, 우선순위가 낮은 일은 과감하게 포기해야 합니다.

하지만 '이건 꼭 해야 해!'라는 생각이 강하게 드는 일은 꼭 실행해야 합니다. 시간이 없으니까 못한다고 생각할 게 아니라, 없는 시간을 어떻게 쪼개 써야 할지 생각하면 방법은 얼마든지 있습니다.

얼마 전 일이 많이 몰렸을 때, 평소 존경하는 분과 만날 기회가 있어 스케줄을 확인해보았습니다. "이날이면 가능할 것 같은데?" 마침 짬을 낼 수 있는 날을 찾은 기쁨에 벅

차, 저녁 비행기로 대만에 도착해 다음 날 아침에 돌아오는 말도 안 되는 일정을 짰지요. 하지만 막상 다녀와서는 '가길 정말 잘했다!'라는 생각이 들었습니다. 존경하는 분과 만나는 경험은 평생의 재산이 되기 때문이죠.

예전에는 시간이 없다며 하고 싶은 일을 나중으로 미루곤 했습니다. 그런데 일의 능률이 뛰어난 사람들을 잘 관찰해보니, 그런 사람일수록 놀 때 확실하게 놀고 공부하거나 일할 땐 또 확실히 그 일에 집중한다는 사실을 발견했습니다. 그들은 무조건 일을 하는 것이 아니라, 우선순위를 정해서 한정된 시간 안에서 할 수 있는 방법을 찾는 효율적인 시간 활용법을 실천하고 있었습니다.

친구 중 한 명은 일과 육아로 바쁜 와중에 출퇴근 시간에 지하철에서 공부하며 자격증을 몇 개나 땄습니다. 연습 시간이 적은 일반 고등학교 팀이 전통적으로 '강호의 왕좌'를 지키고 있는 예체능 학교 팀을 이기는 일도 있습니다. 이는 다 시간을 효율적으로 사용한 덕분이겠지요.

시간은 하루 24시간 모든 사람에게 공평하게 주어집니다. "시간이 없어서……"라는 변명만 하다 보면 어느새 인생의 소중한 기회는 지나가버립니다.

"시간 없다"라는 말을 입에 달고 다니는 사람은
시간이 있어도 활용하지 못합니다.

습관적으로
TV 켜두지 않기

오랫동안 수많은 사업가를 보아온 역술가 친구가 성공하는 사람의 조건으로 든 것이 'TV를 습관적으로 켜두지 않는 규칙'이었습니다. '시간은 금'이라고 하지요. 그들은 무심코 하는 이런 사소한 행동이 얼마나 위험한지 잘 알고 있는 것입니다.

습관적으로 TV를 켜두는 사람들은 백색소음 대용으로, 집이 적막해서, 정보를 얻으려고, 아무 이유 없이 등의 이유를 든다고 합니다. 그런데 한번 켜면 좀처럼 끄기 힘든 것이 TV입니다. 그도 그럴 것이 TV는 그 분야의 전문가들이 어떻게 하면 사람들을 최대한 오랫동안 TV 앞에 붙들어둘 수 있을지 연구한 결과물이기 때문이지요. 사실

TV 프로그램들은 정말 재미있기도 합니다.

요즘은 스마트폰이나 SNS가 더 위험할지도 모르겠네요. 원하는 정보를 빠르고 손쉽게 얻을 수 있고 전 세계 누구와도 소통할 수 있다는 매력 때문에 끊지 못하고 중독에 빠지게 되니까요. 최근 들어 TV나 스마트폰, 아니 어쩌면 이것들을 만드는 사람들에 의해 자신도 모르는 사이에 통제당하며 소중한 인생의 시간을 빼앗기는 사람들이 점점 많아지고 있습니다. 그리고 이들은 이런 사실조차 깨닫지 못하고 있지요.

하지만 들어오는 정보의 양이 늘어날수록 이를 처리하는 우리의 뇌는 피로해집니다. 시험 삼아 한두 시간 정도 TV와 스마트폰을 보지 않는 시간을 가져보세요. 처음에는 불안하고 초조하겠지만 곧 온전히 내가 쓸 시간이 늘었다는 사실을 깨닫게 될 것입니다. 가족과 대화를 나누거나, 식사를 음미하고, 읽고 싶었던 책을 읽으며 소중한 것에 눈을 돌려보세요. 흘러가는 정보를 처리하기에만 급급한 수동적인 자세가 아니라 스스로 느끼고, 생각하고, 깨닫는 시간이 늘어날 것입니다.

나아가 TV와 스마트폰을 이용할 때 '보고 싶은 몇 개만 정해서 보기', '일정 시간만큼만 보기'와 같은 습관을 들이면 놀랄 만큼 많은 시간을 확보할 수 있습니다. 시간을 낭비했다는 죄책감에서 벗어나고 자긍심을 느낄 수도 있을 것입니다. 시간 활용에서 중요한 것은 자신이 시간의 주도권을 잡는 것입니다.

시간의 주인공은 '나'. 항상 주체적으로 시간을 선택합시다.

15분 여유를 두고 행동하기

"덤벙거리면 다치니까 조심해."

제가 외출할 때마다 어머니가 입버릇처럼 하시던 말씀입니다.

저는 진짜로 다친 적은 손에 꼽지만, 그래도 곤란한 일을 당했던 적은 셀 수도 없이 많았습니다. 사소하게는 지하철 플랫폼에서 두리번거리다 길 막지 말고 비키라는 호통을 듣거나, 약속 시간에 늦을까 봐 서두르다가 반대편에서 오는 자전거에 부딪히기도 했지요. 또 약속 상대를 기다리게한 죄로 그날 밥을 사기도 했습니다. 이렇게 여유를 두고 행동하지 않으면 곤란한 일이 자주 일어나게 됩니다.

친절하고 여유로운 마음 상태를 유지하지 못하게 방해

하는 요인 중 하나가 '시간에 쫓기는 것'입니다. 시간에 쫓기다 보면 마음의 여유도 없어집니다. 반대로, 시간적 여유가 있으면 회사에서 실수를 방지하기 위해 거듭 확인하고, 주변 사람이 곤란한 상황이면 나서서 도와줄 수도 있지요. 이런 여유 있는 사람의 주변에는 저절로 사람이 모이기 마련입니다.

'서두르는 것'이 아니라 '미리 행동하는 것'이 시간과 마음의 여유를 만드는 핵심입니다. 미리 움직이면 허둥지둥하지 않아도 정확하고 여유롭게 행동할 수 있습니다.

항상 시간에 쫓긴다고 느낀다면, 조금만 미리 움직여 보세요. 목적지에 15분 전에 도착하기, 30분 일찍 일에 착수하기, 마감일 전에 미리 제출하기, 레스토랑 미리미리 예약하기 등 어려운 일도 아닙니다.

'일찍 시작하면 기분이 좋구나!', '일정에 앞서 끝내다니 나는 정말 대단해!' 이렇게 자신을 칭찬하면서 자신감을 심어주고, 미리미리 행동하는 습관을 몸에 익혀볼까요?

시간에 여유를 두기만 해도 행복감과 친절함을 찾을 수 있습니다.

시간을 잘게 쪼개
집중해보기

이것저것 신경 쓰느라 집중력을 잃은 경험, 누구에게나 있겠죠?

원래 인간의 유전자에는 오랫동안 집중하기 힘든 DNA가 있는지도 모르겠습니다. 아주 오래전에 인간은 위험으로부터 자기 몸을 보호하기 위해 늘 사방을 경계해야 했고, 이런 조상들의 습관은 여전히 우리에게 남아 있을 테니 영 말이 안 되는 것도 아니죠.

그래서 꼭 집중해야 할 때는 그를 위한 '장치'를 만들어둘 필요가 있습니다.

저는 글 쓰는 데 집중하기 위해 아무 방해도 받지 않는 한밤중에 호텔이나 카페에 가서 원고를 쓰는 방법을 시도

한 적이 있습니다. 하지만 아무래도 시간대나 장소에 제약이 따랐습니다. 그래서 생각해낸 방법이 '시간을 잘게 쪼개서 한 가지 일에 집중하기'입니다.

이 방법을 활용한다면 언제 어디서나 집중하는 시간을 만들 수 있습니다. 예를 들어, 앞으로 30분 동안 이 부분의 문장을 쓰자, 15분 동안 공부하자, 10분 동안 스트레칭을 하자는 식으로 할 일을 정하는 것입니다. 다른 것을 모두 제외하고 집중할 단 한 가지의 일을 그때그때 택하는 식이지요.

이 방법을 실천하려면 스톱워치와 같은 소도구가 있어야 합니다. 물론 스마트폰의 타이머를 사용해도 무방하지요. 이런 도구를 이용하면 순간순간 시간의 경과를 느끼며, 적당한 긴장감을 가지고 알람이 울리기 전까지 집중할 수 있습니다. 당연히 도중에 잡념이 생길 때도 있지만, 그러면 일단 필요한 내용을 메모해두고 나중에 처리합니다. 그 일에 배당된 시간이 끝나면 5~10분 동안 휴식을 취하고, 다음 작업 시간을 가지면 됩니다.

핵심은 시간을 5~50분으로 잘게 쪼개는 것입니다. 작업 시간 25분 동안 집중하고, 5분 동안 휴식을 취하면 가장 집중력을 잘 유지할 수 있다고 합니다. 그러므로 작업 시간이 끝나면 좀 더 일을 하고 싶더라도 반드시 휴식을 취해야 합니다. 이것만 해도 분명 효과를 볼 수 있을 것입니다. 매번 숙제를 끝내지 못하는 제 초등학생 조카가 이 방법을 사용하여 몇 시간 동안 집중하는 모습을 보여주었을 정도니, 효과는 믿을 만하다고 확신합니다.

하나씩 집중해서 끝내는 습관은 작업 시간을 단축해주는 효과가 있습니다.

아무것도 하지 않는 시간

예전에 어느 나라의 부통령에 당선된 여성에게 "무슨 일을 할 때 가장 행복합니까?"라는 질문을 한 적이 있습니다. 일할 때라는 대답을 듣게 될 줄 알았는데, 의외의 답이 돌아왔습니다. "휴일에 가족들과 여유롭게 시간을 보낼 때예요. 요리하거나 책을 읽기도 하고 이야기를 나누기도 하면서요. 예상 밖이죠? 아무것도 하지 않아도 좋습니다. 인간은 열심히 활동하는 시간뿐 아니라 몸과 마음을 쉬게 하는 시간도 필요한 법이니까요."

당시에는 꽤 충격적인 답이었는데, 나중에 잘 생각해 보니 이해가 가기도 했습니다.

프리랜서인 저는 쉬어야겠다고 생각했다가도 청소, 운

동, 영화 관람 등으로 꽉 찬 하루 일정을 짜고 결국 바쁘게 보내곤 했습니다. 하지만 그러면 피로가 씻기기는커녕 대체 무엇을 위해 쉬는 건지 알 수 없게 되어버렸죠. '무언가를 하는 것'에만 가치를 두느라 '아무것도 하지 않는 것'은 무의미하다고 착각하며, 그런 휴식의 시간이 얼마나 우리에게 중요한지 깨닫지 못했기 때문입니다.

이제 저는 기본적으로 쉬는 날에는 아무것도 하지 않습니다. 일정이 있어도 최대 두 개까지만 소화합니다. 이틀 쉬면 하루는 집에서 여유롭게 아무것도 하지 않고 보내기로 하고 나서부터 일에 집중도 더 잘 되었습니다.

'아무것도 하지 않는 시간'은 몸과 마음을 해방하고 유연하게 만드는 시간입니다. 이럴 때 생각지 못한 아이디어가 떠오르거나, 일상의 행복을 느끼기도 하는 것입니다. 집에서 뒹굴뒹굴해도 괜찮고, 그냥 누워만 있어도 괜찮습니다. 기분이 내키면 밖에 잠깐 산책하러 나가도 좋지요. '꼭 무엇을 해야 한다'는 강박관념에서 벗어나 자신이 하고 싶은 대로 하면 됩니다.

'아무것도 하지 않는 시간'도 의미 있는 시간입니다.

불가능한 일은
하지 않는다

한 중년 여배우가 토크쇼에서 웃으며 이런 말을 한 적이 있습니다.

"요리는 전혀 하지 않아요. 집에 칼도 없다니까요. 그래서 수박이 선물로 들어오면 참 난처해요."

이렇게 시원시원하고 솔직하게 말하는 모습이 참 부러웠습니다. 사람에게 생기가 도는 것은 스트레스를 적게 받고, 하고 싶은 일을 하고 있기 때문이겠죠.

우리는 어학, 취미, 인간관계 등에 관해 이야기할 때 종종 "하고 싶지만 지금은 힘들어"라고 합니다. 하지만 하고 싶은 일을 뒤로 미루기만 하는 건 왠지 아쉽지 않나요? 지금 스스로에게 그 일이 정말 하고 싶은지 물어보세요.

그것이 나에게 정말 중요한 일이라는 생각이 든다면 어떻게 해서든 시간을 만들어야 합니다. 하지만 우선순위가 낮은 일 혹은 할 필요가 없는 일이라면 포기하거나, 지금 당장은 하지 않는 것이 최선의 방법입니다. 한정된 시간을 중요하지 않은 일을 벌이거나 쓸데없는 일에 연연하느라 낭비하면 안 되겠죠.

'불가능한 일은 하지 않는다'는 원칙을 정하면, 살짝 과장하여 표현해 인생이 '제자리'를 찾아가기 시작합니다. '내가 할 수 있는 일'에 집중하면서, 인생을 살아가는 데 있어 자신만의 기준을 세우게 되기 때문입니다.

그러면 주변으로부터 인정받는 기회가 늘어나고, 어떤 일에 관해 도움을 받거나 반대로 도움을 줄 수도 있게 됩니다. 예로부터 성공한 사람들은 '할 수 없는 일'이 아니라 '할 수 있는 일'에 집중한 사람들이었습니다.

중요한 것은 할 수 없는 일은 포기하고 할 수 있는 일에 힘쓰겠다는 마음입니다. 할 수 있는 일에 자신의 에너지를 집중하면 생각이 명료하게 정리되고, 오직 나만이 해낼 수 있는 일도 찾을 수 있을 것입니다.

어른은 자신이 '할 일'과 '하지 말아야 할 일'을 선택할 수 있습니다.

반복되는 일상을
천천히 음미하기

예전에 저의 생활을 생각해보면, 일에 치여 사느라 집이 거의 잠만 자러 잠시 들르는 공간에 불과했습니다. 항상 시간에 쫓기느라 저는 식사를 10분 만에 대충 때우기 일쑤였고, 목욕도 겨우 하는 둥 마는 둥 했지요. 하지만 아무리 매일같이 일을 해도 끝이 보이지 않았습니다. "언제까지 이렇게 살아야 할까? 나는 언제 행복해지지?" 마치 출구가 보이지 않는 터널을 지나는 느낌이었지요.

하지만 지금 그 시절을 다시 떠올려보면, 좋든 싫든 '그때는 그때대로 참 열심히도 살았다'라는 생각이 듭니다. 당시에는 너무 어렸기 때문에 전혀 이를 깨닫지 못했지만 말이죠. 행복은 저절로 오지 않으며 스스로 만들어야 한

208

다는 진리를 깨닫게 된 것은 한참이 지나서였습니다.

만약 그때로 다시 돌아가 젊은 나에게 이야기를 해줄 수 있다면, 지금 이 시간도 한때니까 매일 반복되는 하루하루를 천천히 음미해보라는 말을 해주고 싶습니다.

아침에 눈을 뜨고 반짝반짝 빛나는 햇살에 기분 좋은 하루를 맞이하기, 요리할 때 과정 자체를 즐기기, 식사할 때 음식의 맛을 느끼며 먹기, 샤워를 할 때 몸의 피로를 깨끗이 씻어낸다는 마음으로 집중하기, 잠자리에 들 때 행복한 기분으로 눈 감기 등 바쁘고 정신없는 와중에도 할 수 있는 일은 참 많았습니다.

천천히 음미하며 하든 빨리빨리 하든 걸리는 시간은 사실 비슷합니다. 특별한 일에서 행복을 찾는 것이 아니라 매일 반복되는 일상에서 행복을 찾는다면, 이보다 더 만족스러운 인생은 없을 것입니다. 쓸데없는 일은 잊어버리고, 눈앞의 일을 즐기며, 천천히 마음에 새겨보는 것만으로도 지루하게 느껴졌던 일상이 가치 있는 시간이 되고 마음의 여유를 가져다줍니다.

일상에서 소소한 행복을 발견할 수 있는 사람이야말로 인생을 행복하게 사는 '지혜'를 깨달은 사람이 아닐까요?

천천히 시간을 음미하면 마음의 여유가 찾아옵니다.

어떤 일을 할 때
기분이 가장 좋은가

얼마 전에 결혼한 한 여배우가 이런 말을 했습니다.

"내가 누구를 좋아하는지가 아니라, 누구와 있을 때의 내 모습이 좋은지가 중요한 것 같아요."

정말 멋진 말이라고 생각합니다. 이 말을 듣고, "상대를 좋아하는지가 중요한 거 아니야?"라고 의문을 표하는 사람이 있을지도 모릅니다. 이건 개인적인 생각이지만, 이 말은 단순히 내가 좋아하는 상대보다는 나 자신이 스스로를 더 좋아할 수 있게 만들어주는 상대를 선택하는 것이 중요하다는 뜻이 아닌가 합니다.

그 사람과 있으면 있는 그대로의 내 모습이 나오고, 성장하는 느낌이 들고, 지금 이대로의 나를 좋아하게 된다면, 정서적으로 충족되고 행복을 느낄 것입니다. 그러면 자연히 상대도 자신과 함께 있을 때 행복했으면 좋겠다고 생각하고, 그를 행복하게 해주기 위해 노력하겠지요.

시간 관리도 이와 비슷하지 않을까 싶습니다. 어떤 일을 할 때의 내 모습이 좋은지, 즉 무엇을 할 때 내가 기분이 좋은지를 기준으로 선택하면 쉽게 행복을 찾을 수 있다는 말이지요. 이해득실이나 경쟁, 주변의 이목, 주변 사람들의 기준에 맞춰 시간을 보낸다면 인생이 너무 아깝지 않을까요?

호화저택에 살면서 모두의 부러움을 받는 삶이라 해도 끊임없이 다툼을 벌이며, 하고 싶은 일을 하지 못한다면 행복하다고 할 수 없겠죠. 돈이 없어도, 외로워도, 누가 뭐라고 해도, 하고 싶은 일, 즉 기분 좋은 일을 할 수 있으면 우리는 행복을 느낍니다.

물론 하고 싶은 일을 한다고 해서 항상 기분 좋은 일만 있는 것은 아니고 괴로울 때도 있을 것입니다. 하지만 그래도 어떤 일에 미쳐보는 기분, 그 쾌감은 그 일을 하는 이유가 되지요. 그 일을 할 때 기분이 좋은지, 그 일을 하는 나의 모습이 좋은지 내 마음을 잘 살펴보세요. 여기에 집중하면 소중한 시간을 가치 있게 쓸 수 있을 것입니다.

길은 언제나 자신의 마음속에 있습니다.

하고 싶은 일에도
유통기한이 있다

하고 싶은 일은 가능한 지금 당장 시작하는 것이 좋습니다. 하고 싶은 일에도 '유통기한'이 있기 때문입니다. 오늘 하고 싶었던 일이 내일이 되면 시큰둥해질 수도 있습니다. 그게 뭐가 문제가 되느냐고 할 수도 있겠지요. 하지만 하고 싶은 일이 하나 줄어들면 그런 일을 하면서 느낄 수 있는 쾌감도 하나 줄어듭니다.

하고 싶은 일이라는 것에는 '시의성'이 담겨 있습니다. 즉, 그 시점에 나에게 필요하다고 느껴지는 일을 하고 싶어 하게 된다는 말이지요. 예를 들어, 읽고 싶은 책이 있을 때는 그 책에 자신의 욕구, 즉 니즈를 충족시켜줄 무언가가 담겨 있을지도 모릅니다. 하지만 읽기를 미뤄두었다가 읽고 싶은 마음을 잊을 만할 때 책장을 펴게 되면, 그 당시 느꼈던 욕구가 희미해져서 머리에 잘 들어오지 않지요.

'언젠가……', '나중에……'라며 미뤄두는 사이에 하고 싶었던 일은 실현 불가능한 일이 되어버리기도 합니다. 그 일을 할 체력과 기력이 없어지는 것이요. 그러므로 가능하면 빨리 하고 싶은 일을 하는 편이 보다 많은 쾌감을 느낄 수 있는 길입니다. 그리고 이러한 쾌감을 축적해가는 것이 인생의 보람이 아닐까요?

다만, 실현하기까지 시간이 오래 걸릴수록 더 큰 보람을 느낄 때도 있습니다. 착실히 노력해서 결국 꿈을 이루거나, 오랜 시간을 기다려 기회를 잡는 경우에 그렇지요. 이렇게 오래도록 열정이 꺼지지 않는 사람이라면, 또 그런 열정을 불태울 일이 있다면, 시간을 쏟은 만큼 기쁨과 감동이 크겠죠.

인생의 목적을 어떻게 설정할 것인지는 저마다 다르겠지만, 결국 하고 싶은 일을 실현하는 것이 인생의 목적이 아닐까 싶습니다.

꿈을 향해 달려가는 사람은 행복합니다.

'내'가 아닌
'너'를 위한 시간

한 남성이 이런 이야기를 했습니다.

"남자들이 입버릇처럼 가족을 위해 봉사한다며 생색내 듯이 말하지만, 다 거짓말이야. 일은 자기가 인정받고 사회에 기여하는 보람을 느끼고 싶어서 하는 것이지. 애초에 가족을 부양하는 것도 마찬가지고."

저 역시 인간이 '100퍼센트' 다른 사람을 위해 시간을 쓴다는 것은 말이 안 된다고 생각합니다. 사실 나를 위한 시간과 남을 위한 시간은 명확히 구분하기가 힘듭니다.

하지만 인생의 시간은 모두 자신이 선택할 수 있는 자유가 주어진 것입니다. 어떻게 사용할지는 각자의 선택에 달려 있지요. 내게는 그런 자유가 없다고 느낀다면 자신이 누군가의 기대에 부응해야 한다는 강박관념에 사로잡혀 있는 것은 아닌지 돌아봐야 합니다.

다른 누군가를 위해 시간을 쓰더라도 내가 하고 싶어서 그렇게 하고 있다고 생각하면, 그 시간은 '나를 위한 것'이 됩니다. 이런 가능성을 의식하고 전환을 이뤄내지 못하면, 다른 사람에게 휘둘리는 시간이 될 뿐이지요.

다른 사람을 위해 내 시간을 쓰고 있다고만 생각하면, 자신의 기분은 방치되고 마음이 잘 내키지도 않습니다. 반대로, 오로지 나를 위해서만 시간을 써도 인생이 무의미하다는 생각이 들 수 있습니다. 인간은 자기 자신을 가장 우선시하기도 하지만, 누군가를 위해서 살 때 보람을 느끼는 경우가 많기 때문입니다. 일하는 것도, 요리를 하는 것도, 휴가 계획을 세우는 것도, 모두 '그 사람의 행복한 얼굴을 볼 수 있다'라는 생각에 즐겁게 하는 것이 사람입니다.

인간은 누군가에게 도움이 되거나 인정을 받으면서 안심감과 행복감을 느낍니다. 나를 위한 시간도 필요하지만, 누군가의 행복한 모습을 보는 데서 행복을 느낄 수 있다면 인생에서 보다 깊은 의미를 찾을 수 있지 않을까요?

누군가의 웃는 얼굴을 보기 위해 쓰는 시간은 나를 성장시키는 일입니다.

인생은
선물 같은 거니까

소중한 친구를 하늘로 떠나보낸 적이 있습니다.

가족이 없던 그녀에게 의사는 "앞으로 2~3개월밖에 남지 않았으니, 그동안 만나고 싶었던 사람을 만나고 가고 싶었던 곳에 가면서 시간을 보내세요"라고 말했습니다.

그녀는 웃으며 대답했습니다.

"그런 말 안 해도 지금까지 그렇게 해왔는걸요."

분명 그녀는 그때껏 그렇게 살아왔습니다.

하고 싶은 일을 하고, 하기 싫은 일은 하지 않았습니다. 보고 싶은 사람을 만나고, 보고 싶지 않은 사람은 만나지 않았지요. 또 자신이 좋아하는 것을 소중히 여기고, 다른 사람을 위해 할 수 있는 일을 했습니다.

그녀는 호스피스 병동에 입원해서도 더 많은 것을 알고 싶다며 책을 읽고, 병문안 온 친구들과 웃으며 지내다가 정갈하게 주변 정리를 하고 떠났습니다.

그녀는 절망하는 대신 '행복한 지금 이 순간'을 진심으로 즐기는 방법을 선택했습니다. 젊을 때 큰 병을 앓았던 그녀는 인생의 시간을 항상 소중하게 생각하며 살았을지도 모릅니다.

흔히 우리는 '남아 있는 시간'이라는 말을 하는데, 사실은 '선물받은 인생의 시간'이라고 불러야 할 것입니다. 애초에 태어나는 일과 살아가는 일 자체가 선물이니까요.

'선물받은 시간'을 의식하며 사는 사람과 그렇지 않은 사람은 시간의 활용법에서 큰 차이를 보입니다.

우리에게 주어진 시간이 선물임을 아는 사람은 정말 소중한 일에 시간을 쓰려고 합니다. 다른 사람을 원망하거나 후회하지 않고, 인생의 큰 숲을 보며 진지하게 살아가지요. 이런 사람은 미래에 대해 막연히 불안해하는 것이 아니라, 할 수 있는 일을 하면서 현재의 시간을 유익하게 보내려고 할 것입니다.

저는 여러분이 인생의 어느 순간을 떠올려도 "참 좋은 시간이었다"라고 회상할 수 있는 삶을 사시길 바랍니다.

'시간의 유한함'을 아는 사람은 강합니다.

살다 보면 깨닫게 되는
이런 삶의 소소한 지혜들을
한 살이라도 어릴 때부터 알았다면
얼마나 삶이 풍성했을까.

옮긴이 한주희

대학에서 어문학을 전공했으며, 일반 대학원에서 국제지역학, 통번역 대학원에서 일본어 통번역을 공부했다. 졸업 후 공기업인 인하우스 통번역사를 거쳐 현재 바른번역 소속 번역가로 활동 중이다. 옮긴 책으로 『영업 1년 차의 교과서』, 『심리학 아는 척하기』, 『돌의 사전』, 『논문 쓰기의 기술』 등이 있다.

삶의 뿌리가 되는 소소한 지혜

어른의 습관

초판 1쇄 발행 2020년 11월 25일
초판 3쇄 발행 2021년 6월 9일

지은이 아리카와 마유미
옮긴이 한주희
펴낸이 김선준

책임편집 마수미
편집1팀 이주영
디자인 김세민
마케팅 조아란, 신동빈, 이은정, 유채원, 유준상
경영관리 송현주

펴낸곳 ㈜콘텐츠그룹 포레스트 **출판등록** 2021년 4월 16일 제2021-000079호
주소 서울시 영등포구 국제금융로2길 37 에스트레뉴 1304호
전화 02) 332-5855 **팩스** 02) 332-5856
홈페이지 www.forestbooks.co.kr **이메일** forest@forestbooks.co.kr
종이 ㈜월드페이퍼 **출력·인쇄·후가공·제본** ㈜현문

ISBN 979-11-89584-92-4 (03190)

㈜콘텐츠그룹 포레스트는 독자 여러분의 책에 관한 아이디어와 원고 투고를 기다리고 있습니다. 책 출간을 원하시는 분은 이메일 writer@forestbooks.co.kr로 간단한 개요와 취지, 연락처 등을 보내주세요. '독자의 꿈이 이뤄지는 숲, 포레스트'에서 작가의 꿈을 이루세요.